# 朱自清的背影

高维生 著

内蒙古文化出版社

**图书在版编目（CIP）数据**

朱自清的背影 / 高维生著 . —呼伦贝尔 : 内蒙古文化出版社，2016.11（2025.8 重印）
ISBN 978-7-5521-1189-7

Ⅰ．①朱… Ⅱ．①高… Ⅲ．①朱自清（1898-1948）—生平事迹 Ⅳ．① K825.6

中国版本图书馆 CIP 数据核字（2016）第 285673 号

## 朱自清的背影
ZHUZIQING DE BEIYING

高维生　著

责任编辑　　王　春
封面设计　　鸿儒文轩

出版发行　　内蒙古文化出版社
地　　址　　呼伦贝尔市海拉尔区河东新春街4－3号
直销热线　　0470－8241422　　邮编　　021008

排版制作　　鸿儒文轩
印刷装订　　三河市华东印刷有限公司
开　　本　　650mm×940mm　　1/16
字　　数　　236千
印　　张　　19
版　　次　　2016年11月第1版
印　　次　　2025年8月第2次印刷
书　　号　　ISBN 978-7-5521-1189-7
定　　价　　68.00元

如何判断一个人的生命价值，一开始并无一个客观范畴，但是降低其价值的最好方式就是将它暴露在大庭广众之间，让人们一览无余。简言之，就是将它置入空间。

——[美]约瑟夫·布罗茨基

# 前　言
## ——他留下一种生命的颜色

高维生

这个时候，我在北碚居住的斗室，只有十几平方米，坐在床上的小桌前，身边堆满资料。窗外的远处是缙云山，能看清云华路上来往的公交车。

此时，我写下文章的题目，走出朱自清的世界。春节后来到重庆的北碚，在不大的空间写朱自清。阅读他不是为了重温少年的记忆，而是对他生命的考证。从资料中寻觅他一生的踪迹，情感的碎片排列起来，形成人的历史，一个时代的缩影。

印象中的朱自清，总是中学生课本上的《背影》，这是个沉重的文学符号，一提到他的名字，自然想到他笔下父亲的背影，很少深入他内心的世界。朱自清是吴越文化滋养大的，他长大外出求学，开始人生的漂泊，一直生活在北方，直至生命的最后时刻。朱自清在两种文化差异中生存，形成独特的文风。

一个知识分子，在漫长的生命路上，经历很多的事情，关键的时刻，表现良心和责任。很多人纠缠在朱自清是胃病死亡，而不是饿死的，在这个问题上，怎么死的不重要，但体现作为知识分子，承担自己的责任。他在极端饥饿的情况下，接到吴晗给他的《抗议美国扶日政策并拒绝领取美援面粉宣言》。朱自清毫不犹豫，伸出病中无力的手，颤抖地拿起笔，认真地在宣言签上名字。这三个字，不仅是支持与决心，也将一家人的生存拖入艰难之中。名字签得分量重，凸显他的人格和精神品质，不能用套话和大话做高尚的评价。

我每天去缙云山散步，沿路有很多的竹林，长得不怎么粗壮。每次经过，停下脚步触摸几下，感受竹子的体温，听它的呼吸声。

梯道入口处的竹林前，竖立着一块大石头，上面刻有"竹报平安"，它与缙云山极不和谐。山上生长大片的竹林，不时有鸟儿叫声钻出。竹子的清香在空气中弥漫，每吸一口，身体里有竹的气息。竹子是正直的象征，它不追求功利，心无杂念，甘于寂寞。竹子生命力极强，它不求土地多么肥沃，有一点空间便将根扎牢，繁衍生息。竹子性格鲜明，每一段竹节都在表现清淡高雅。置身于大自然中，敞开自己的情感，所有的感官与周遭的环境融为一体，找回心灵的寂静。

中国人对竹的情结，最早追溯到魏晋时期。竹子挺拔，一年四季青翠，不拒风雨，不怕严寒，它的性格传达出内在的气韵，对人生的思考，折射在竹上。我望着竹骨节，充满自然的傲气。朱自清的文字，形成连绵起伏的山脉，耸立在时间的大地上。他的日记、诗歌、文学评论和散文作品，都是他生命的印迹。朱自清诗意的写作是内心的独白，向这个世界的倾诉。苏珊·桑塔格指出："所有这些加起来，构成一部破碎的、含义丰富的作品集——一部由残篇构成的卷帙浩繁的集子。他留下的不是完成了艺术作品，而是一次独特的出场、一种诗学、一种思想美学、文化神学和受难现象学。"①
当我们从另外的角度审视朱自清，梳理他经历的每一处场景、接触过的人物，从而钩沉出朱自清的踪迹史。他将情感的碎片摊在阳光下，一个人把历史和空间串联一起，形成大历史。倾听他讲述，这些故事构建他的生活，它们和一个时代、文化紧密相连在一起，不可分割成块状。叙事是人类的表达方式，它是生命的解读。传达出人的思想、精神和质地，它们构建成生命的传记。

朱自清的文字天然质朴，不是玩弄虚情假意。他永远屈服于事实、历史的环境下。原始的情感，被朱自清储藏在生命中。每当写作时，资源不断地涌出，不可能凭苍白的乱想，编造陈词滥调的故事。每个写作者都在找寻自己的路，形成丰富的精神河流，让生命中的风吹草动遍布河的两岸。

写作不是电子游戏，在虚拟的空间，玩一些空想的游戏。写作面对有血有肉有思想的人，面对的是命运。

好散文应该是情感、精神和思想的融合，在心灵的容器里捣碎，流淌的汁液。

某些写作者抄袭、复制，编制一个个虚情假意的故事，他们害怕真实，因为真实将使他们原形毕露。大多数人是娱乐写作，将文字当作投掷的骰子，赚来人们的眼球，在赞美声、惊叹声和热闹声中，得到廉价的奖赏、大面值的虚假回报。报纸副刊发表豆腐块，马上贴到论坛上，摆好架势自吹自擂，接着有一批捧场者，献上电子掌声、电子鲜花、电子祝贺，燃起卡通鞭炮。论坛上弄得喜气洋洋，人们沉浸在文字的狂欢中。没有一个人唱反调，敢于亮出精神的手术刀，解剖还未冰冷的豆腐块文章的尸体。

---

① ［美］苏珊·桑塔格著：《在土星的标志下》，第19页，上海：上海译文出版社，2006年版。

文字的游戏，注入身体中的狂犬情绪，迅速燃遍全身。他们变得膨胀起来，眼睛被功利占领。他们的作品丧失真实，山寨虚假的抒情、泡沫的浪漫。他们的文字是季节的显示器，不同的时节写一篇文章，编造生活小故事，弄一段小哲理，配上小情感，结尾笔锋一转，提高几度情绪，升华主题的高度。

昨夜即将写完朱自清，狂风大作，夹着大粒的雨滴。风雨交织中写完最后一个句号。今天早上，散步的路上，沿路的竹林，叶子被雨洗得清新，空气湿润，吸一口特别舒坦。缙云山露出真面貌，云开雾散，感受朱自清背影的意义。

2015 年 5 月 13 日于缙云山下

# $\mathcal{C}$ontents 目录

# 第一卷　少年记事

在古城扬州，一座三合小院，只是普通的建筑。院子里住着几户人家，都是朱姓同宗，从邵伯新搬来的朱鸿钧家是外来户，还是一笔写不出两个朱字。

# 我要一个故乡

在古城扬州，一座三合小院，只是普通的建筑。院子里住着几户人家，都是朱姓同宗，从邵伯搬来的朱鸿钧家是外来户，还是一笔写不出两个朱字。

从这扇木门里，经常见到一个5岁的小男孩进出。他有时在门槛上玩耍，推着门关上，又把它打开，叩动门环，铜质的环撞击木门板，发出清脆的响声。透过门缝往外张望，注视来往的行人，从他们的衣着装扮，肩头扛的，手中拎的东西，辨别此人做什么行业，他们中也有去天宁寺进香的信徒。这个男孩子，就是童年的朱自清，他天真可爱，个头不高，胖墩墩的结实，宽大的前额，清亮的眼睛，透出纯洁的灵气，稚嫩中显得憨实。

朱自清的家世看似简单，其实复杂多枝，朱家的源头，可以追溯到其高祖一代。朱是后改的姓，改姓是忌讳的大事。如果不遇见麻烦，为了生存下去，姓氏不可能随意更改，等于背叛祖宗。朱家原本姓余，他们是浙江绍兴人。高祖叫余月笙，离开家乡在扬州做官。有一次酒喝多了，不幸的祸事发生，酒醉的身体失去控制，从甘泉的衙门楼上坠地身亡。突如其来的祸事，使他的夫人悲痛欲绝，不管后事如何，悲恸之下，跳楼随夫而去，留下幼子子擎。顷刻间，失去父母的怀抱，他变成孤儿留在世上。余月笙的同事，又是他的山阴同乡朱氏，平常关系很好，目睹这个家庭的重大变故，他收养可怜的无依无靠的孤儿。这个孩子从此改名换姓，走进另一个家庭。余姓变作血脉中的分子流淌在身体里，支撑生命的延续。为了生存下去，不得不借来面具，他开始叫朱子擎。离开触景伤情的地方，随朱家回到了苏北涟水，并在那里生活成长，后来与花园庄的乔氏女成亲，建立自己的家庭。朱家可谓春风得意，官场一路畅通，职位做得不小，男婚女嫁不能随意，必须门当户对，朱子擎自然不例外，找的媳妇要大户人家。乔家是当地首富，嫁女是一件大事，不仅为了面子上的事。女儿是父母身上掉下的肉，如今真要嫁人，舍不得让她离开。他们送给女儿的陪嫁，带去花粉田八百亩，这不是一笔小的财富。朱子擎有了儿子后，为了使孩子不忘本，永远记住自己的根源，他给孩子取名"则余"，即表示不要忘祖宗。则余是朱自清的祖父。到了朱则余这一辈，他娶吴氏为妻，生下儿子鸿钧，字小坡，他就是朱自清的父亲，后来娶了绍兴周明甫的女儿周绮桐。家谱不是什么人都能进入，这是一本同宗血缘、世系人物的历史图谱。对于朱则余来说，他已经第二代姓朱了，朱姓的老家山阴，朱氏家族的人不认他这个账。朱则余不是货真价实的本族人，朱家是支外的人，属于外姓，族人对他们一家敌视，认为他们沾朱氏的光，分了家族的资源。明暗中一些人不断挑事，故意制造麻烦。亲家周明甫，他虽是绍兴远近闻名的刑名师爷，而且得到朝廷的表彰，但起不到任何作用，只是形式而已，联姻不能对于朱家摆脱困境有什么作用。族中老少爷们的纠缠，无形的族规根深蒂固，一圈圈的捆绑，几乎要人窒息。面对庞大的族人，不可能一家家解释，让人们接受既成的事实。远离为上策，看不到冷漠的目光，躲避族人的骚扰。则余做官离开生长的地方，不想让自己的后人受罪，他将儿子一家带走。光绪年间，朱则余来到江苏海州，做十几年的承审官，远离朱姓族人，度过人生一段平静的日子，直到卸任离职养老，再未踏回老家一步。绍兴根本无容身之地，朱氏同宗的阴谋得逞，在他家离开之际，趁机霸占则余家的所有财产。

# 记忆邵伯

1946 年 10 月 1 日，《人物》第 1 卷，第 20 期刊发朱自清的《我是扬州人》，他写故乡的文章。

　　有些国语教科书里选的有我的文章，注解里或说我是浙江绍兴人，或说我是江苏江都人——就是扬州人。有人疑心江苏江都人是错了，特地老远地写信托人来问我。我说两个籍贯都不算错，但是若打官话，我得算浙江绍兴人。浙江绍兴是我的祖籍或原籍，我从进小学就填的这个籍贯；直到现在，在学校里服务快三十年了，还是报的这个籍贯。不过绍兴我只去过两回，每回只住了一天；而我家里除先母外，没一个人会说绍兴话。

　　我家是从先祖才到江苏东海做小官。东海就是海州，现在是陇海路的终点。我就生在海州。四岁的时候先父又到邵伯镇做小官，将我们接到那里。海州的情形我全不记得了，只对海州话还有亲热感，因为父亲的扬州话里夹着不少海州口音。在邵伯住了差不多两年，是住在万寿宫里。万寿宫的院子很大，很静；门口就是运河。

河坎很高，我常向河里扔瓦片玩儿。邵伯有个铁牛湾，那儿有一条铁牛镇压着。父亲的当差常抱我去看它，骑它，抚摩它。镇里的情形我也差不多忘记了。只记住在镇里一家人家的私塾里读过书，在那里认识了一个好朋友叫江家振。我常到他家玩儿，傍晚和他坐在他家荒园里一根横倒的枯树干上说着话，依依不舍，不想回家。这是我第一个好朋友，可惜他未成年就死了；记得他瘦得很，也许是肺病罢？

扬州城的北部，大运河往东的地方，有一个风景优美、人口密集的古镇，它的地名与秀丽的风光不相符。邵伯有它的历史原因，1500 年前的晋代，谢安筑埭为民，得到民众的爱戴，后人怀念他的功德，将他比作周之召伯，所以此地起名邵伯。

得天独厚的地理位置，邵伯自古以降，它是南北通航的重要通道。任何朝代的诗人，都会留下华美的诗章，苏东坡《邵伯梵行寺山茶》中写道："山茶相对阿谁栽？细雨无人我独来。"邵伯的情结，扎在朱自清的童年中，以至于文章中写到这两个字，流露出的真情，如水一般的纯真。

1898 年 11 月 22 日，朱自清出生在海州。他的上面原来有两个哥哥，叫大贵和小贵。他出世前的时候，不幸夭折了，所以他一出生，便成为朱家的长子长孙。父母对他格外疼爱，至于将来的成长特别慎重。天下的父母心都一样，既想让孩子一生平安，又想他们前途光明。朱自清的父母，特地请来算命先生，给孩子预测命运，根据占卜的结果，朱自清起名"自华"，同时取号"实秋"。取名是有讲究的，不能随便乱叫，每一个字有源有据。朱自清的名和号，来源于《颜氏家训·勉学》中的"春华秋实"之意。算命先生摇晃脑袋，伸出纤细的手指在空中比

身无把立把下
那含无牽的天戰牛
椎揪的小手摸着
水路伯牧牛为伴
童五的朱自清

付大伟　作

画，瞪着神经质的眼睛，神秘地说朱自清五行缺火，他的名字要带"秋"字平衡。失去两个孩子的阴影，笼罩在父母的心头，他们按旧俗的习惯，再给他取了个好养活的乳名"大囡"。父母为了朱自清的平安如意，母亲觉得还不够，放不下心，给朱自清扎了耳洞，佩戴上耳环。

朱自清 3 岁，父亲朱鸿钧被派到苏北高邮的邵伯镇，在异乡做盐税官。生活差不多平稳，父亲将他带在身边，享受天伦之乐。

邵伯这个古镇，还有一个名称"甘棠"，或叫"邵伯埭"。公元 385 年，东晋太元十年，政治家、军事家谢安在此筑埭造福于民，因此而得名。邵伯山川秀美，人杰地灵，苏东坡、苏辙、黄庭坚等文人骚客留下足迹。

朱家在邵伯时，住在镇边的万寿宫，大门口直对运河。万寿宫是朱自清玩耍的地方，他平常只身一人，没有小伙伴玩。父亲忙于公务，很少腾出时间陪他。不远处的铁牛湾，那里河道复杂，水势稍一变化，容易溃堤决口。清康熙年间，官府铸了铁牛镇水。

每年夏秋之时，黄淮两条水老虎，水势洪大，泛滥成灾。1699 年，康熙三十八年，淮河再一次发水，形成巨大的水灾。邵伯镇的南更楼决堤，古运河受到牵连，航运一度中断。康熙接到递上的奏章大为震惊，派河道总督张鹏翮前往治理。

当时，人们对水的理解，不是采用科学的手段。老百姓认为，洪水之所以成灾，是因为蛟龙缺少束缚作怪。龙是木的属性，它的克星是坚硬的铁。张鹏翮总督为了安抚民心，派工匠用生铁铸造 9 头铁牛，既是自己业绩的表现，又用来威镇大水，也作为水位测定的标志。

朱自清父亲的听差，经常带着他去铁牛湾玩。小小的年纪，不懂铁牛的意义，他稚嫩的小手，摸着大铁牛的身子，在上面爬上爬下。手指摁住牛的眼睛，想让它开口大叫。站在一旁的听差，给朱自清念铁牛背上刻的文字："维金克木，蛟龙永藏。土能制水，永镇此邦。"一只船行走河上，船夫唱的小调，阴柔中透出苍凉，桨划动水面，溅起一朵朵水花。朱自清望着远去的船，恬美的画面，烙印在小小的心灵。

# 搬迁扬州

　　朱自清6岁，父亲把家搬到扬州，安顿妥帖以后，接来先祖父和祖母。在此期间，朱自清的父亲，曾经到江西做过几年官，他与二弟在江西待过一年，但一家人住在扬州。

　　唐代诗人李白说："故人西辞黄鹤楼，烟花三月下扬州。"这一经典的诗句，一代代传诵。长江下游有两座古城，江南岸镇江，隔江相望的是扬州。

　　说扬州的历史，上溯到春秋末年，吴王夫差建邗城。近两千五百年的历史，扬州经历过许多辉煌的时代，说不完道不尽。隋唐时期的扬州，已经是江南漕粮、淮南盐运的中心。清代康熙、乾隆年间，皇帝几次南巡，让扬州名扬天下。乾隆目睹扬州的繁华景象，不禁惊叹道："广陵繁华今倍昔。"文人骚客摇动手中的扇子，走遍大街小巷，游逛名胜景点，写下华美的辞章，传诵扬州的繁华盛景。

　　朱自清对于扬州有说不清的滋味，他后来在文章中说：

　　　　扬州真像有些人说的，不折不扣是个有名的地方。不用远说，李斗《扬州画舫录》里的扬州就够美慕的。可是现在衰落了，经济上是一日千丈的衰落了，只看那些没精打采的盐商家就知道。扬州人在上海被称为江北佬，这名字总而言之表示低等的人。江北佬在上海是受欺负的，他们于是学些不三不四的上海话来冒充上海人。到了这地步他们可竟会忘其所以地欺负起那些新来的江北佬了。这就养成了扬州人的自卑心理。抗战以来许多扬州人来到西南，大半都自称为上海人，就靠着那一点不三不四的上海话；甚至连这一点都没有，也还自称为上海人。其实扬州人在本地也有他们的骄傲的。他们称徐州以北的人为侉子，那些人说的是侉话。他们笑镇江人说话土气，南京人说话大舌头，尽管这两个地方都在江南。英语他们称为蛮话，说这种话的当然是蛮子了。然而这些话只好关着门在家里说，到上海一看，立刻就会矮上半截，缩起舌头不敢喷一声了。扬州真是衰落得可以啊！

　　我也是一个江北佬，一大堆扬州口音就是招牌，但是我却不愿做上海人；上海人太狡猾了。况且上海对我太生疏，生疏的程度跟绍兴对我也差不多；因为我知道上海虽然也许比知道绍兴多些，但是绍兴究竟是我的祖籍，上海是和我水米无干的。然而年纪大起来了，世界人到底做不成，我要一个故乡。

1912 年，朱自清进入安徽旅扬公学高等小学。他的英文好，感谢高等小学里的黄先生、陈春台先生，给他打下扎实的基础。他们讲授的英文条理清晰，不拐弯抹角、故意卖弄关子，简洁易懂的教学方法，增加他的学习兴趣。

朱自清按正常排序，在家中排第三，他上面有两个哥哥不幸都夭折。他从老三的位子，推到老大的位置。这一改变，让他的人生发生重大的意义，命运无法抗拒，成为家中的长子。他可以家长的

扬州风物 据《亚细亚大观》

身份，对人发号施令，承担的责任过早地压在身上。有句老话"长兄为父"，其中最大的责任，必须付出一切代价，想办法出人头地、光宗耀祖。朱家特殊的原因，对这个规矩更加重视。朱自清自小接受父亲的言传身教，所处的时代科举制废除，各种新潮的学校兴起。他的父亲受旧式教育长大，根深蒂固的文化积淀，不可能一时半会儿发生颠覆的变化，一夜间接受新鲜事物。穿长衫马褂的父亲惧怕新字，新式学校从未见过，他怕徒有其名，误了孩子的学业。这方面父亲是家长，具有绝对的权威，不用和任何人商量。他对儿子寄托太多的希望，将儿子送到出过举人的私塾，请那里的先生传经授课，学习经籍、古文与诗词。

朱自清吃过饭，搬个小板凳，胆怯地坐在父亲身旁。父亲忙了一天的公务，回到家享受天伦之乐。他一边喝老酒，咂摸酒的滋味，随着阅读摇晃脑袋，吟诵儿子的卷子。先生的评语是阴晴表，读到给以好评的话语，每一个字都是希望。父亲脸上露出满意，不停地点头称好。赏罚严格分明，父亲啜一口酒，奖给儿子下酒的花生米，或一块豆腐干。偶尔看到评语不好，父亲控制不住情绪，言行失态，忍不住发一阵子火。他大骂儿子学习不刻苦，气愤中把卷子揉成一团，狠狠地扔进炉膛。朱自清不大的年纪，承受冰火两重天的变化，忍住哭声独自掉泪。父亲的严格教育下，他一天天长大。

若干年后，回忆起那一段生活，朱自清满怀感情地说："我的国文是跟他老人家学着做通了的。那是辛亥革命之后在他家私塾里的时候。"几年间，他对经史子集等国学的基本典籍有了相当的根基。他的塾师戴子秋功底好，跟着他学习，13岁通国文。

1916年，从第八中学毕业，朱自清18岁，那年考进北京大学预科，从此离开扬州。

童年的记忆，不羼杂任何世俗的东西，单纯的真切，影响人的一生。朱自清印象中最深的地方是扬州，这样看起来，算是他的故乡。

# 朱自清的扬州

1934 年 11 月 20 日，《人世间》第 16 期，刊发朱自清《说扬州》。他针对第十期上看到曹聚仁的《闲话扬州》，阐述自己的看法，扬州不是亲身感受，不在弥陀巷住过，琼花观寻梦，走过禾稼巷，听说过这里的旧闻，在瘦西湖上荡过桨。凭古人留下的诗词，靠文字的想象写出的扬州，这是开天大的玩笑。扬州沉重的大名，简单的两个字，埋藏深厚的文化底蕴，文人骚客的诗句，只是时代的表达方式。真实的情景，文字无法承担重量。朱自清对扬州的掌故，不限于读史料，他在那里生活过，经历太多的事情，那是他记忆中的故乡。

只是比那本书出名的书有味多了。不过那本书将扬州说得太坏，曹先生又未免说得太好；也不是说得太好，他没有去那里，所以说的只是从诗赋中、历史上得来的印象。这些自然也是扬州的一面，不过已然过去，现在的扬州却不能再给我们那种美梦。

扬州以地理环境的优势，吸引外来的投资，形成一个大商业圈。

清末扬州图

凭借雄厚的经济基础，扩大商业贸易，使扬州全面得到发展，特别是服务业的繁荣。经济带动文化事业，涌现清代乾隆年间画坛的革新派"扬州八怪"，他们愤世嫉俗，了解民间的疾苦。江南素以阴柔的风光著称，扬州园林盛名远扬，《扬州画舫录》记载，"杭州以湖山胜，苏州以市肆胜，扬州以园亭胜，三者鼎峙，不分轩轾。"[①]扬州园林到了乾隆嘉庆年间，获得富甲天下的美名，而不是苏州园林。扬州盐商财力雄厚，他们有能力建造园林，私家园林最盛时达200多处。这些标志性的文化建设，推动茶馆、酒肆、澡堂、书场的兴旺，形成独特的文化背景。

扬州成为地方政治、文化、商业的中心，磁石一般吸引周围城乡，构成大的圈子，一波波地向外延伸，形形色色的人靠拢扬州。朱鸿钧一家迁移扬州，这时的盐商已经走向衰落。但经济文化积淀，菜刀、剪刀、修脚刀，"三把刀"的服务业形成自己的格局。2500多年以来，扬州经历过汉、唐、清几代的繁华，"三把刀"行业的发展与兴盛，随着时代的变化，几度衰落。无情是一种动力，推动人们背着"三把刀"去外面闯荡、漂流四方。经过艰苦的创业，古老的扬州"三把刀"，走向全国各地，成为扬州历史的象征之一。

扬州的护城河外，有一座古刹叫天宁寺，具有千年的历史，香火鼎盛，成为清代扬州八大名刹之一。它始于何年何月，一直是个谜，研究的学者们各有各的道理，众说纷纭。"唐代柳毅舍宅造寺，这个柳毅就是唐代传奇《柳毅传》中的主人公。"柳毅不是生活中的人物，它是小说虚构的人物，这个说法难以用事实衡量。民间传说，"是东晋时谢安捐出别墅建寺，以供尼泊尔僧人佛驮跋陀罗在此翻译《华严经》。"这个说法无凭无据，不符合科学的严格规范。

天宁寺可谓历史厚重，如同它的青石厚砖，《宝佑惟扬志》是

---

① [清] 李斗著：《扬州画舫录》，第58页，北京：光明日报出版社，2014年版。

志书，它是宋代编纂的扬州史志，它与建寺时间相接近。1012年，北宋真宗大中祥符五年，证圣寺改名为"兴教院"。1112年，宋徽宗政和二年，全国各地的重要州府，大都建天宁寺，其中将原有的寺庙更名，扬州也不例外，它将此寺赐予"天宁禅寺"，从此以后沿袭至今，与天宁寺隔河相望的是天宁门街。

> 石头不仅是一种材料，而且还有象征意义，它是一种受到敬仰的东西，它还可以预见未来。它和人有很亲密的关系、关于普罗米修斯的神话传说，石头和人是同源的，它也有人身上的气味，人和石头代表两种宇宙的力量和两个动作：下降的动作和上升的动作。石头从天上掉下来后，建筑师要想方设法获得其中一定数量，按规定的尺寸对它们进行加工，然后把它们都搬到神居住的地方去。①

古城楼的青石，正如兹格涅夫·赫贝特所说，有时间的气味，它是记忆中的事情。由于年久失修，每天人和车的进出，被簇拥的民房围困，显得孤独落魄，失去当年的威武。门楼是城市的大门，不会因为时间的熬磨，丢掉自己的权威，威严地俯视天宁寺，它面前有一条曲折的天宁门街。

朱自清7岁到了扬州，在古城中居住13年，直到考上清华，才走出来念书。扬州严格上讲，不是他的故乡，他是移民而来的客籍。父亲长年在外有差事，当地的朋友和亲属不多，与名人商家没有来往。他的兴趣爱好，就是遍访胜地，吟诗、赌酒，书画名家，烹调佳味，"我那时全没有份，也全不在行。"住了十几年，并不是把扬州逛遍，

---

① [波] 兹化格涅夫·赫贝特著：《带马嚼子的静物画》，第32页，广州：花城出版社，2015年版。

古今历史掌握得透彻，他自认为不是扬州通。朱自清的家不算富，属于中等水平的生活，这个时候，家庭发生重大的变故，彻底改变他家的命运。

这一年，辛亥革命爆发，乱世中的混世魔王，清朝时期的扬州镇守使徐宝山，将长袍马褂一脱，招牌一换，摇身变成"革命党"。率领军队光复扬州等地，当上扬州军政要职，成为分府都督的土皇帝。

徐宝山的出现，不仅是革命的胜利，他让朱自清一家跌入低谷。1866 年，徐宝山出生于江苏镇江。他早年在江淮一带依靠贩卖私盐为营生，随后加入青帮，变成"盐枭"的头目，也是帮会的首领。后来归顺朝廷，10 年间，徐宝山赢得清政府的信任。1910 年，革命的潮流暗涌，清政府为了保持政权的稳固，拿出一笔经费，让徐宝山建立亲信的队伍，招兵买马，去镇压革命党。经过扩招兵马，徐宝山成为这一带重要的军事力量。革命党人盯上徐宝山，争取其反正。

1911 年，辛亥革命爆发后，革命党李竟是镇江当地人，和徐宝山有亲戚关系。他回到镇江，暗中策划起义之事，他想到联络徐宝山。徐宝山懂得好汉不吃眼前亏，一条实用的道理，面对革命的力量越来越猛烈，他不得不思考退路。

1911 年 11 月 3 日，两个人经过秘密谈判，徐宝山提出的条件，革命胜利后，委派他收取扬州的盐税，得到满意的答复。徐宝山以"革命"的姿态，背叛清政府，率部下投身革命。1911 年 11 月 8 日，镇江光复以后，扬州成立军政分府，徐宝山被任命为扬州军政分府都督。

改朝换代，有的人借此大发横财，扩张自己的势力。这一带的土匪、散兵游勇趁乱世、社会局势动荡，打劫敲诈。当地的绅商为了安全起见，纷纷向徐宝山进贡，以求保佑平安。

混世魔王徐宝山，打着自己的小算盘。他并不是真心革命，而是想做个小军阀，而且对于搜刮民财特别有办法。因为他属虎，被老百姓称为"徐老虎"。恶虎额前嵌的不是"王"字，而是恶霸的

"恶"。他凭借手中的权力，在扬州借"协饷"的机会，稍不顺心意，便逮捕入狱甚至以杀头要挟、敲诈勒索前清的官吏。在"革命的功臣"光环的笼罩下，掌握着当地的权力。

朱自清家在这时出事。他家是外来的客籍。他的祖父和父亲在外地当差，在这座城市无人脉关系，就是托人走后门办事都找不到人。朱自清的祖父，做了一辈子官，到了告老还乡，也积蓄丰厚的财富。朱自清的父亲，1910 年，他任宝应厘捐局长，很多人眼红的肥差，便成为朱家的厄运，成为徐宝山猎获的目标。

平静的生活，不知道前面会发生什么，阴谋躲在暗处，精心策划一场悲剧。朱家无根无基，难逃徐宝山恶虎的逼迫，为了家人的安全，朱自清的祖父，无奈地捐出大半个家财。这样一把年纪，承受不住惊吓，绝望中带着一身怨气、心力交瘁地辞世。朱自清的父亲，虽然年轻一些，也被挤压得不知所措，办完丧事以后，他一下子累倒，一场伤寒耗尽元气。躺在病床上四个月，窗外的阳光，让他有一些暖意。一家人在不长的时间，由平静的生活，转化成多难之家。死去的人带着怨恨，闭不上眼睛。活着的人病在床上，眼睁睁地望窗外，黑夜和白昼的更替。两个平时足不出户的妇人，祖母与母亲硬着头皮，为求徐老虎不再逼迫，唯一的办法是花钱消灾。只出不进，坐吃山空，将银子大把地扔出，连个响声听不到，过不多久家底掏空。

后来在袁世凯复辟帝制的闹剧中，徐宝山这只恶虎，摇身一变投靠新主子。徐宝山贪财，又有喜好古董的癖性，让他过早丧命。1913 年 5 月 14 日，革命党人张静江，派人送给徐宝山的古董箱内暗藏炸弹，将徐宝山炸死。恶人的暴死，朱家人每天悬挂的心，终于松了一口长气，但家道却从此衰败。

少年经历的忧患，对于不谙世事的朱自清，过早地看清世道。

然而待朱自清先生来到扬州的时候，扬州历史上最辉煌的时代已经过去了。不但《四库全书》在太平天国的战火中灰飞烟灭，清代皇帝的行宫也早已只剩了断壁残垣。朱先生在《说扬州》这篇文章中回忆说："自己从七岁到扬州，一住十三年，才出来念书。"他在从七岁到十三岁的六七年间，每天看到的也就是由极盛转为极衰的古天宁寺。天宁寺的盛衰史，也是扬州城的盛衰史。那衰败，不仅是经济的、政治的，同时也是文化的、艺术的。在天宁门街看到的一切，不能不给少年朱自清以深刻的印象。所以后来他在《说扬州》里，一面批评易君左先生的《闲话扬州》"将扬州说得太坏"，一面又批评曹聚仁先生的《闲话扬州》"未免说得太好"。朱先生说："也不是说得太好，他没有去过那里，所说的只是从诗赋中，历史上得来的印象。这些自然也是扬州的一面，不过已然过去，现在的扬州却不能再给我们那种美梦。"这一番感喟，无疑是包含着朱先生少年时代在扬州的亲身感受的。[1]

　　童年生长的地方，就是一个人的故乡。那里的一切，不知不觉间渗进生命里，日积月累，积淀地域文化的心理素质，一生无法摆脱掉的。"从前扬州是个大地方，如曹先生那文所说；现在盐务不行了，街就算个'没落儿'的小城。"一个大地方，这句话深藏很多东西，扬州不是天堂，人间的悲欢离合，和天上的阴晴圆缺的月一样，不是表面上的生活。只有在扬州生活过，才有资格对它评价。

　　曹聚仁的《闲话扬州》，朱自清认为"未免说得太好"。如果他走进小巷的深处，走进朱家做一下调查，发现扬州的真实一面。

---

① 韦明铧著：《朱自清故居寻踪》，原载《二十四桥明月——扬州》，第248页，上海：上海古籍出版社，2000年版。

# 纯真的激情

　　北方干燥，它与南方的潮湿不同。河水流经城市，空气中弥漫的水湿气，吸一口渗透身体里。水是城市的血脉，通过石头青砖，淌过古老的河道，完成城市的新陈代谢。有了水的灵性，创造出活力，赶集、散步、喝茶、听戏和晒太阳，构成生活的场景，是水城人的生存方式。水联系人们，以其愉悦身心的独特方式，水构成流动的界面，呈现城市空间的深度。朱自清离开家乡，在北方学习和工作，他一直坚持说：

　　　　我看，就是北方无水而南方有。诚然，北方今年大雨，永定河，大清河甚至决了堤防，但这并不能算是有水；北平的三海和颐和园虽然有点儿水，但太平衍了，一览而尽，船又那么笨头笨脑的。有水的仍然是南方。扬州的夏日，好处大半便在水上——有人称为"瘦西湖"，这个名字真是太"瘦"了，假西湖之名以行，雅得这样俗，老实说，我是不喜欢的。垂柳不断接残芜，雁齿红桥俨画图；也是销金一锅子，故应唤作瘦西湖。瘦西湖原本就以它的景色闻名，又因乾隆年间，扬州诗人汪沆的一首诗，使这个湖名气更大。到了扬州，不去瘦西湖算是白来一趟，它瘦字，道出湖的特征，湖面狭长，蜿蜒曲折，水波荡漾。

瘦西湖因为一个"瘦"字，有了浪漫色彩，它不过是城外的一条水面较宽的河道。它原来的名字叫保扬湖，同样的水，一字之差，意义不一样。它是唐罗城、宋大城时期护城河的遗迹。到了明清时期，一些盐业巨子，炫耀自己的财富，互相攀比，纷纷在沿河两岸，聘请园林名家设计建造水上园林。乾隆极盛时期，以湖为轴心区，建有二十四景，"两堤花柳全依水，一路楼台直到山。"康熙、乾隆皇帝六次南巡来此地，对这里的风光倍加赞赏。

朱自清不会忘记下船的地方，护城河曲曲折折，依地势延伸，一直到平山堂。宋代苏门六学士之一的秦观，江苏高邮人，被称为婉约派一代词宗，题诗赞美平山堂：

> 栋宇高开古寺间，尽收佳处入雕栏。
> 山浮海上青螺远，天转江南碧玉宽。
> 雨槛幽花滋浅小，风卮清酒涨微澜。
> 游人若论登临美，须作淮东第一观。

一首诗，说出诗人的情感，表达对平山堂的赞美。它在时间中几度起落，遭受战乱，毁于兵火，1870年，清同治九年重建。平山堂远离闹市，往来的人稀少，是个幽静所在，行走其间，心静如水，不会有红尘的诱惑。堂前古藤盘根错节，草木茂盛，传统的通堂式结构，匾额高悬"平山堂"。堂前是行春台，青石台阶，四围建有栏杆，下面一个深池。池内修长的竹林，绿荫遮蔽天空，随风摇曳，凭栏向远处眺望，生出思古之情。朱自清小时候，父亲经常带他出去游玩。李斗在《扬州画舫录》里记载，丰乐街又名买卖街。关于上下买卖街，扬州流传一副对联，"小大子走南北，上下街买东西。"朱自清和父亲从天宁门外的下街码头上船，唐代诗人刘希夷，在诗中描绘"画舫烟中浅，青阳日际微。"一只画舫，坐着充满游兴的人，行走两岸的翠柳间。桨划动水面，荡起一圈圈碎影，轻缓的水声，宛若古筝奏出的曲子。沿岸民居窗子开得较小，而且在较高处，每户的门窗简洁，富有节奏感。岸边常有船只停泊，两岸夹水的空间形态，构成城市繁荣的气氛。岸边的茶肆、庭园错落有致，朱自清记下"香影廊，冶春花社，餐英别墅，绿杨村"，一个个相接相挨。香影廊临河，有多间阁屋，朱红色的围栏与河水相映，浪漫富有诗性。廊道一半搭在岸上，另一半探入水中。河水掩映茂盛，花木交叠，清风吹拂过后，荡起一层层的水波。

画舫经过的时候，给父子俩的行程添点乐趣，观赏美景，必须得到奖赏，向河边的茶肆，买一两种小笼点心之类的小吃。他们行走的路线，从香影廊朝西，赏玩水中挂的倒影，阳光和画舫在水中照映，一过问月桥，便是闻名的瘦西湖。穿过石头砌成的虹桥，行走垂柳拂动的长堤，身上出汗时，已经爬上小金山。站在山顶上的风亭，这是城市的制高点，放目眺望，瘦西湖全景尽收眼里。

朱自清长大一些，不愿这里下船。他有自己的思想，坐船继续向前行走，心中萌芽的东西，与弯曲的河道相融，产生不一样的感觉。较少有游人去大明寺平山堂，一个人登上平远楼，被起伏的山脉包围其中，嗅着山间草木的清新。

朱自清少年不知愁滋味，他登上平山堂，临高远眺，只是纯真的激情。宋代文学家欧阳修，作过一首《朝中措·平山堂》：

平山栏槛倚晴空，山色有无中。手种堂前垂柳，别来几度春风？

文章太守，挥毫万字，一饮千钟。行乐直须年少，尊前看取衰翁。

欧阳修在平山堂上，送别友人刘敞，面对大自然的情景，感时伤泪写下此诗。平山堂是欧阳修守扬州时所建，几年后，他再次来到平山堂，又和友人相别，借景抒情，赠友人一首诗。回忆过去的生活，种植的杨柳，如今长成垂阴的大树，手中的笔，道不尽思念的情感。七八里长的河道，伸出一条条的支流。河两岸的风光，有着南方的阴柔，最著名的小金山，扬州瘦西湖二十四景之一。它是湖中的一个小岛，本名叫长春岭。清代中叶，扬州的富商们，筹资打通瘦西湖至大明寺的水上道路，湖的西北开挖一条莲花埂新河。挖出的大量泥土，堆放成一座小土山，无意中形成金山。人工小岛经过园林师的手笔，四周拥水，山水相依，水使岛有了灵性。小金山西麓有一堤，直接伸入湖间，堤的终点有方亭，人们叫它"吹台"。民间有一种传说，乾隆皇帝下江南来到扬州，在这里钓过鱼，所以又被叫作"钓鱼台"。三面临水，水天一色，放眼望去，可以看到"五亭桥"。

小金山坐落水中，在那里赏水里的月亮，天空悬挂的月亮，对比中别有情味。这么美的景色，朱自清觉得不错，但他享受不了福气。来游玩的人太多，恬静的大自然，让人的声音破坏。

> 青山隐隐水迢迢，
> 秋尽江南草未凋。
> 二十四桥明月夜，
> 玉人何处教吹箫。

杜牧看到"青山隐隐水迢迢，秋尽江南草未凋"。人在山中，却想山的颜色，似乎深藏什么，透出人生的伤感。诗人的笔蘸着大自然的山水，道出对江南不尽的思念。

五亭桥有十五个券洞，因此有徐凝的《忆扬州》。五亭桥古称"莲花桥"，正如名字所示，它有五个亭子相连的桥。桥是传统的拱形，水中间的亭子是中心点，两侧有四个亭子。1757 年，即清乾隆二十二年，巡盐御史高恒及扬州的一些盐商，为迎奉乾隆的大驾，筹资修筑此桥，因为建于莲花堤上，又称它为莲花桥。清人黄惺庵赞道：

> 扬州好，高跨五亭桥，面面清波涵月镜，头头空洞过云桡，夜听玉人箫。

五亭桥是瘦西湖的形象大使，也是扬州城的象征。游人乘小船在水上，身边的五亭桥，传达出古典的韵味。少年朱自清爬上平山堂。多少年后，回忆当时的情景，他写下《扬州的夏日》。1929 年12 月 11 日，刊载《白华》旬刊第 4 期，他在文中写道：

> 登堂可见江南诸山淡淡的轮廓；"山色有无中"一句话，我看是恰到好处，并不算错。这里游人较少，闲坐在山上，可以永日。沿路光景，也以闲寂胜。从天宁门或北门下船，蜿蜒的城墙，在水里倒映着苍黝的影子，小船悠然地撑过去，岸上的喧扰像没有似的。

江南多水，也有各种各样的船。朱自清回忆的船有三种，"大船"不仅指船型，一个"大"字，说明船的气势。它专门供宴乐游玩，船上喝酒听乐，挟妓或打牌。朱自清随父亲在船里见了许多新玩意儿，举着大喇叭的留声机，听到谋得利洋行出的唱片。"小划子"单从船名解读，知道它属于贫民类，如同一瓣剖开的西瓜，漂荡水面上，一个人用竹篙撑。女人划的船，招揽客人相对容易。如果乘的人多，一只装不下，便要雇两只。后来出现"洋划"，介于大船"小划子"之间，上面支起布篷，既可以遮阳光，又能挡突来的阵雨。新东西时尚，游人喜欢"洋划"，大船一天天地减少。"小划子"灵活多变，一两个人都能走，这种船生意不错。需要安静的时候，雇用"小划子"，独自坐在船中，船主在船尾上，一下一下地撑着竹篙，船、水和人融为一体。文化学者韦明铧，1949年生于扬州，他在研究扬州的船娘时说：

> 船娘的打扮，绝不像妓女那样花枝招展。她们的服装和她们的姿态一样，具有一种清新自然的美。洪为法先生在《扬州续梦》中曾说，抗战前的扬州船娘在服装方面，似乎有一定的规矩，多是黑色的绸裤，白色的布衫。这样的装束，衬映在绿沉沉的草木中，正是湖上不易见到的忘机鸥鹭，自很赏心悦目。加之她们撑船的技术又很好，拿着一支竹篙，很灵活地撑去，不管多远，篙子一上一下，衣服上不会溅到水点子。那种灵活的身躯，娴熟的技巧，配上淡雅的容颜，素洁的衣裳，就像音乐之节拍一样。这时候，如果你躺在藤椅上带着鉴赏的心情看去，会不由得暗自赞美。
>
> 扬州人称年轻的船娘为"小大子"。北平的《晨报》发表过扬州特约通讯，专门介绍这些"小大子"。说她们身穿白布的衫裤，头上梳着S髻，髻上插着红花。每当夕阳时分，她们就载着满船的游人，从很远的平山堂、小金山一带浅水绿涝中，轻摇着桨，唱着动人的情歌，缓缓地归来。这时，无论是船中的游人还是岸上的行人，都情不

自禁地为这幅美景喝彩。①

北门外那一带地方，人们管它叫下街，茶馆搭在临河边上，一只只船行驶过往，茶馆中的茶客，有时与船上的乘客，相互打招呼说话。船上人向茶掌柜的要一壶茶，捎带一两种"小笼点心"。船在水中游荡，赏水中的风景，一边喝着、吃着、谈着。返回来时，将茶壶、小笼和钱款，一块交给茶馆掌柜。船夫与茶馆的人熟悉，他们不怕跑掉。茶馆是城市人的公共生活，经年的过滤沉淀，逐渐形成文化。茶碗的小空间中，盛下的茶汤，不仅是解渴之物，它更是生活的享受。一掀一扣，一碗一盖，体现各种人物的内心活动。

茶馆的地方大致总好，名字也颇有好的。如得影廊，绿杨树，红叶山庄，都是到现在还记得的。绿杨村的幌子，挂在绿杨树上，随风飘展，使人到现在还记得"绿杨城郭是扬州"的名句。里面还有小池，丛竹，茅亭，景物最幽。这一带的茶馆布置都历落有致，迥非上海，北平方方正正的茶楼可比。

扬州的小笼点心实在不错，走多远都忘不掉。朱自清离开扬州多年，走过很多的地方，品尝诸多的小吃，都没有扬州那样好的点心。扬州的吃文化中，尤其江南潮湿的夏天，人们正常的思维是，应该吃清淡的东西，但油腻的红烧猪头，于情于理行不通。"可是在实际上，挥汗吃着，倒也不坏的。"2014年，我写梁实秋传，曾经读过他的美食散文《狮子头》。2015年3月，我客居北碚，住在"美

---

① 韦明铧著：《二十四桥明月夜——扬州》，第 136 页，上海：上海古籍出版社，2000 年版。

翠佳园", 小区前的云华路, 有588公交车站, 坐它能去梁实秋故居。他在这里写下《狮子头》, 重读这篇散文, 又有一番新的感受。

狮子头, 扬州名菜。大概是取其形似, 而又相当大, 故名。北方饭庄称之为四喜丸子, 因为一盘四个。北方做法不及扬州狮子头远甚。我的同学王化成先生, 扬州人, 幼失恃, 赖姑氏抚养成人, 姑善烹调, 化成耳濡目染, 亦通调和鼎鼐之道。化成官外交部多年, 后外放葡萄牙公使历时甚久, 终于任上。他公余之暇, 常亲操刀俎, 以娱嘉宾。狮子头为其拿手杰作之一, 曾以制作方法见告。狮子头人人会作, 巧妙各有不同。化成教我的方法是这样的——首先取材要精。细嫩猪肉一大块, 七分瘦三分肥, 不可有些许筋络纠结于其间。切割之际最要注意, 不可切得七歪八斜, 亦不可剁成碎泥, 其秘诀是"多切少斩"。挨着刀切成碎丁, 越碎越好, 然后略为斩剁。其次步骤也很重要。肉里不羼芡粉, 容易碎散; 加了芡粉, 黏糊糊的不是味道。所以调好芡粉要抹在两个手掌上, 然后捏搓肉末成四个丸子, 这样丸子外表便自然糊上了一层芡粉, 而里面没有。把丸子微微按扁, 下油锅炸, 以丸子表面紧绷微黄为度。再下一步是蒸。碗里先放一层转刀块冬笋垫底, 再不然就横切黄芽白作墩形数个也好。把炸过的丸子轻轻放在碗里, 大火蒸一个钟头以上。揭开锅盖一看, 浮着满碗的油, 用大匙把油撇去, 或用大吸管吸去, 使碗里不见一滴油。这样的狮子头, 不能用筷子夹, 要用羹匙舀, 其嫩有如豆腐。肉里要加葱汁、姜汁、盐。愿意加海参、虾仁、荸荠、香蕈, 各随其便, 不过也要切碎。

狮子头是雅舍食谱中重要的一色。最能欣赏的是当年在北碚的编译馆同仁萧毅武先生，他初学英语，称之为"菜阳海带"，见之辄眉飞色舞。化成客死异乡，墓木早拱矣，思之怃然！①

两位大师生活的文化背景不同，感受自然不一样。品尝中流露的情感，表现一种心境。

扬州是一座历史悠久的文化名城，从隋炀帝以降，它是文人骚客所赞美的地方。没有去过扬州的人，也能说出几个扬州的物产名字，游玩的名胜景点。"特别是没去过扬州而有念过唐诗的人，在他心里，扬州真像蜃楼海市一般美丽；他若念过《扬州画舫录》一类书，那更了不得了。"朱自清说自己是在扬州住久的人，生活其中，对于一切已经麻木，缺少诗人的浪漫幻想。

游玩一天，离开"下河"已经下午。夕阳投映水面上，泛起彩色的波邾。傍晚回来，踏着快乐的步子，暮霭中登岸。朱自清心情极好，他将大褂搭在胳膊上，另一只手摇着扇子。走过天宁门，快步奔向家中。

---

① 梁实秋著：《雅舍谈吃》，第 62 ～ 63 页，武汉：武汉出版社，2013 年版。

# 记忆中的花事

乾隆嘉庆年间，名扬天下的是扬州园林，并不是苏州园林。由于地理位置的原因，水上交通的便利，造就一代富甲天下的盐商，他们有财力建造园林。在朱自清的少年时代，已经不多见，后来更少了。

街头卖花的人减少。一些爱花的人，在家中有限的空间，弄点优质的土，盆里栽上喜欢的品种。一盆盆花，搁放在架子上，横放在院子中。不大的院子，放下摆花的架子，被二十多盆花挤满，让窄小的空间，绿色和艳丽的花相拥。有时依墙搭起花坛，种上一株开花的树，"但这只是普通的点缀，不算是爱花。"朱家的人经历很多的磨难，家中爱花的不多。

父亲只在领我们上街时，偶然和我们到花房里去过一两回。但我们住过一所房子，有一座小花园，是房东家的。那里有树，有花架（大约是紫藤花架之类），但我当时还小，不知道那些花木的名字；只记得爬在墙上的是蔷薇而已。

园子里有一座太湖石堆成的洞门。玲珑剔透的湖石垒叠，巧夺

朱自清随着与龄的增长……觉得看
花又成了简单。—— （藏在记忆中的花事）

付大伟 作

天工，洞中有风穿过，人可以穿行。朱自清怀念那个地方，当时年少，对于这些人工景致不感兴趣，跑来追去捉蝴蝶。偶尔摘几朵花，闻一下它的清香，随意玩弄手中，然后不在意地丢弃。

李斗在《扬州画舫录》中记载的丰乐街，又名"买卖街"。扬州的民间，流传一副上下买卖街的对联："小大子走南北，上下街买东西。"天宁街不算多大，它的文化意蕴深厚，走街上稍不注意，或许踩在乾隆爷的脚印上。相传乾隆年间，这是条繁华热闹的街道，乾隆一行人，走出天宁寺以后，过了天宁门，沿着天宁门街，走过北柳巷、南柳巷、埂子街，一直到达钞关码头。随身的御林军随皇帝经过，从此天宁门街成为御道。

朱自清对这个地方熟悉，听了很多老人说历史上的事情。一到夏天的时候，清晨乡下的姑娘，已经在各处街巷转悠，每过一家门，叫卖栀子花。那声音清纯，宛如一只鸟儿，飞进大门里缠绕不散，引得人们向外张望。栀子花在南方是普通的花，不是什么高贵的品种。朱自清喜欢白色的花，上面有淡黄的颜色。带着野性的栀子花，与卖花的姑娘相融在一起，有着不一般的韵味。

明代著名画家沈周，字启南，号石田，是吴门四家之一，他写过一首栀子花的诗：

> 雪魄冰花凉气清，曲栏深处艳精神。
> 一钩新月风牵影，暗送娇香入画庭。

夜走向深处，天空飘出一钩新月，栀子花的叶瓣，如同一枚枚花魂，伸开轻盈的双翅。它要让香气，追逐自己的俏影。这样的花，朱自清能不喜欢吗？他不知不觉地爱上花。"也许有人会问，你爱的不是花吧？这个我自己其实也已不大弄得清楚，只好存而不论了。"世间有些事情，语言表达不清楚，一个"爱"字是最好的回答。

朱自清随着年龄的增长、人生的阅历丰富，阅读一些赏花的诗，觉得看花不那么简单。他来到北平读书，由于多种原因，只到过一次崇效寺。去时季节尚早些，一株绿牡丹未开。北平帝王将相待的地方，人们的生活品位高，热衷于看花的事情。那时新文学运动兴起，朱自清说自己"我们这些少年"，初生牛犊不怕虎，年轻对新生事物接受快。敢于向旧的东西挑战。新一代诗人，对那一伙写旧诗的名人，实在不尊敬。花的地方偏远，朱自清不愿将时间耗费路上，只是回忆的多，赏花的机会少，久了便切断那条心境。1930年5月4日，《清华周刊》第33卷9期文艺专号，刊发朱自清的《看花》，文章中说道：

后来到杭州做事，遇见了Y君，他是新诗人兼旧诗人，看花的兴致很好。我和他常到孤山去看梅花。孤山的梅花是古今有名的，但太少；又没有临水的，人也太多。有一回坐在放鹤亭上喝茶，来了一个方面有须，穿着花缎马褂的人，用湖南口音和人打招呼道，梅花盛开嗒！盛字说得特别重，使我吃了一惊；但我吃惊的也只是说在他嘴里盛这个声音罢了，花的盛不盛，在我倒并没有什么的。

有一回，Y来说，灵峰寺有三百株梅花；寺在山里，去的人也少。我和Y，还有N君，从西湖边雇船到岳坟，从岳坟入山。曲曲折折走了好一会，又上了许多石阶，才到山上寺里。寺甚小，梅花便在大殿西边园中。园也不大，东墙下有三间净室，最宜喝茶看花；北边有座小山，山上有亭，大约叫望海亭吧，望海是未必，但钱塘江与西湖是看得见的。梅树确是不少，密密地低低地整列着。那时已是黄昏，寺里只我们三个游人；梅花并没有开，但那珍珠似的繁星似的骨朵儿，已经够可爱了；我们都觉得比孤山上盛开时有味。大殿上正做晚课，送来梵呗的声音，和着梅林中的暗香，真叫我们舍不得回去。在园里徘徊了一会，又在屋里坐了一会，天是黑定了，又没有月色，我们向庙里要了一个旧灯笼，照着下山。路上几乎迷了道，又两次三番地狗咬；我们的Y诗人确有些窘了，但终于到了岳坟。船夫远远迎上来道：你们来了，我想你们不会冤我呢！在船上，我们还不离口地说着灵峰的梅花，直到湖边电灯光照到我们的眼。

朱自清讲述和友人踏梅的一次经历，历代文人都有赏梅花的雅兴，花香色俱佳，早春独放不畏严寒，执着的精神历来被诗人歌颂。

1912年，朱自清在安徽旅扬高等小学读书，春天的时节，有同学提议，一起到钞关外文峰塔边的福缘庵吃桃子。学生们没有一分钱，去庙上白吃一顿，不允许吃，大闹一场，不怕动手打架。愣头青的小孩子，身体里贮藏大力气，中学生之间经常打一架，免费进戏园子看戏。中学生们能这样做，小学生效仿吃一顿桃子。孩子们一对比，得出的结果令他们兴奋。大家达成一致的意见。其中主事人提议，召集十几个同学，铆足干劲，天不怕地不怕的样子，向城外奔去。

一伙人壮着胆子，气势逼人地来到了庵里，硬让庵上的工人带他们去桃园。工人犹豫地说："现在桃树才刚开花呢。"孩子们不相信，觉得这是骗人的谎话。真来到桃园，枝头艳丽的花朵竟放，整个桃园被花挤破。枝干相叠，花拥挤花，似乎跳到空间起舞。桃花绽放的季节，不可能结出果子。桃花的美色，对于想吃桃子解馋的孩子们，实在令人丧气。为了平衡心理，他们耍起小脾气，又拥到庵里找方丈，讨一杯茶喝。坐在椅子上，每人喝过一大杯茶，解除一路折腾的疲劳，心情平静下来，肚子里的气消失。天真的孩子们，很快忘记不快，一伙人说笑着回城，把刚发生的事情丢弃脑后。朱自清想起过去的事，仍然觉得有情味，怀念少年时的勇气。

朱自清花的情结，不知不觉间扎在心里。

1924 年 3 月 2 日，26 岁的朱自清，应经亨颐的邀请，来到上虞白马湖畔的春晖中学。

白马湖在乡下，远离闹市。沿湖的杨柳树间，夹种一行小桃树。春天一到，花朵如期而放，娇媚的花在湖水的映衬下，显得更加艳美，多添一分娇色。附近的山里长出很多的杜鹃花，多花的春天少有人关注，提议踏青赏花。朱自清的邻居夏丏尊爱养花，他家里终年有花。朱自清每次登门，看他不是喝茶，而是拿着剪刀修枝剪叶，或提着壶浇水。他家的院子里，长得一株紫薇花好看，他们常坐在树花下，朋友相聚喝酒。在白马湖住了不过一年，朱自清尘封的少年情结，重新萌发新芽，"我却传染了他那爱花的嗜好"。

1925 年 8 月，朱自清离开白马湖，赴北京在清华大学任中文系教授。他身在北京，怀念白马湖短暂的生活经历。

清华园里各种树木和花草繁多，过了三个春天，从未认真地想过、品味一回。第二年的秋天，朱自清有机会，他与孙三在园里观过几次菊花。

这一年朱自清有机会，独自一个人去看花。

> 我爱繁花老干的杏，临风婀娜的小红桃，贴梗累累如珠的紫荆；但最恋恋的是西府海棠。海棠的花繁得好，也淡得好；艳极了，却没有一丝荡意。疏疏的高干子，英气隐隐逼人。可惜没有趁着月色看过；王鹏运有两句词道：只愁淡月朦胧影，难验微波上下潮。我想月下的海棠花，大约便是这种光景吧。

付大伟 作

朱自清有些怪，爱老干上的杏花，其实，这种情结表达对人生的态度。叙述事实之中，自然流露出感情。

　　为了海棠，顶着大风到中山公园，赏花的人没有几个，朱自清回想古人诗词中的佳句。

　　朋友说那里有一株海棠，茂盛的枝叶，遮住大半个院子。有意思的是它的个性，别处的树向上长，它往横里张扬。朱自清站在海棠花前，观察每一枚叶子，看着纤细的纹络，"繁没有法说；海棠本无香，昔人常以为恨，这里花太繁了，却酝酿出一种淡淡的香气，使人久闻不倦。"朋友和朱自清说，他提前一天去的，躲开这场狂风。此时地上散落的花，让人生出淡淡的伤感。北平不是江南，赏花不仅要有兴头，而且时间把握要及时。春光短暂，稍不注意溜走，况且晴爽的日子不多。

　　北平的春天，看花与别处不同，朱自清总结的一条经验，它还是缺点什么。想起少年吃桃子的情景，那一树树绽放的花朵，怎么会忘记过去的事情。

# 说起冬天

淡灰色的底衬，一轮圆月挂空中，水面倒映岸边的树木。这是人民文学出版社，1988年出版的朱自清散文集《荷塘月色》的封面。我在旧书摊上，无意中买到这本书。书的扉页上，有过去主人写的一段话："购于北京西山，1999年9月1日。"书中收录朱自清的主要作品，其中有《冬天》。

书不知怎么漂到小城，对它有特殊的感情，每一次感觉不同。朱自清的文字叙述平缓，透着朴素的美。对生活细节的观察，有敏锐的锋利。他对冬天的回忆，不是寒风呼啸、天寒地冻的渲染。他说起冬天，是从传统的豆腐开始。他家使用的"小洋锅"，不是什么另类，"洋"字是一个新鲜词，就是平常使用的铝锅，冠以好听的名字。老人说："千炖豆腐，万炖鱼。"白嫩的豆腐，遇到沸水翻滚，显现它的个性。一个个小块豆腐和水发生交融。水清豆腐白，朱自清充满情趣地说："养在里面，嫩而滑，仿佛反穿的白狐大衣。"

天黑透了，老屋子点亮"洋灯"，光线还是阴暗。父亲和孩子们，围坐在桌子周围，一锅热豆腐，既填饱肚子，又能驱寒暖身子。"洋炉子"显得高，朱自清的父亲，不时地站起来，"微微地仰着脸，觑着眼睛"，拿筷子伸进飘散热气的汤锅中，捞出一块豆腐，没有

1921年12月31日，俞平伯赴美国考察，朋友们在杭州欢送。左起许昂若、叶圣陶、朱自清、俞平伯。

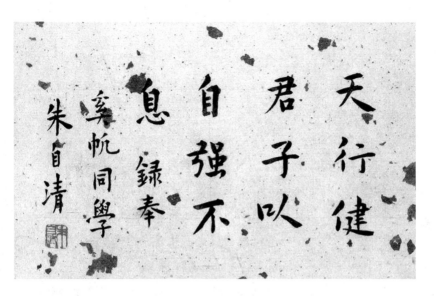

朱自清书法

朱自清（右二）与温州中学的同仁

自己吃，放在孩子面前的碟中。由于"洋炉子"的原因，父亲怕烫着他们，所以不停地忙碌。

父亲无言的行动，烙印心灵的深处。他平白的描述中，渗出的真情不是表演。冬天的夜晚，一顿家常便饭，最平常的事情，在他的笔下，发现不平常。

> 朱自清为代表的"人生派"散文创作，努力提倡"为人生"的创作旨趣，他们所坚持的写自我人生和社会现实，体现出严肃的社会责任感和时代使命感，他们创作的记叙兼抒情性散文，有着深厚的社会人生内涵，他们不单纯地记叙和写景，也不仅仅抒发一己之感怀，而是以"为人生"的态度，真实描叙社会民生的艰辛，表达自己人道主义的思想情怀，他们的记叙兼抒情性散文充分体现出时代性的审美体验和艺术特征。[①]

1921 年秋，在中国公学叶圣陶和朱自清相识，从此他们的友谊开始。接受朱自清的邀请，叶圣陶来到一师任教，他分到一个房间。没有别人打扰，有更多的时间读书、写作，难得清静的环境。为了两人交流，他让朱自清搬过来住，将他的房间辟作共同的书房。

寻常课余之后，他们同一些好友来到西湖边游玩。找一块静的地方，坐在湖边，摆上一壶酒，两碟下酒小菜。"茂林修竹，又有清流激湍，映带左右。引以为流觞曲水，列坐其次。虽无丝竹管弦

---

① 黄健著：《以真挚、精美、传神笔法叙写深厚人生内蕴——朱自清、叶圣陶、郑振铎的记叙抒情散文的文体特性》，原载《名著欣赏》，2009 年 11 期。

之盛，一觞一咏，亦足以畅叙幽情。"[1] 他们没有《兰亭序》中记叙的王羲之及友人围山水间聚会的欢乐之情。但朱自清他们，一边品酒助兴，谈诗说文、议论纵横。激情的话语声在水面上飘动，拨动涌起的水波，他们与大自然融为一体。

20 年后，朱自清回忆杭州的生活感慨万分，他写了一首《赠圣陶》，怀念一师居室的意境：

> 西湖风冷庸何伤，
> 水色山光足仿佯。
> 归来一室对短床，
> 上下古今与翱翔。

江南冬天阴湿的冷，不似北方的狂野，多了阴柔的寒气，挡不住年轻人的热情。叶圣陶事先来信说："我们要游西湖，不管它是冬天。"农历十一月十六日，夜晚的月亮清明，月光洒大地上，阴冷幽灵一般地四处游荡。朱自清、叶圣陶和友人来到西湖，租下小划子，在冬夜里泛舟湖上。

已经晚上 9 点多钟，游客早已散去，回到温暖的家中。湖面上只有一只划子。朱自清和友人未受到感染，水面泛着银色的月光，清寒的冬夜，对他们无任何影响，文学燃烧的激情，驱散寒冷的侵袭。一番火热的交谈之后，一伙人感到有些疲劳，他们不再吱声，听着富有韵律的划桨声。寺院中传出的钟声，带着金属的清脆掠过水面，打破夜的安静。独舟、钟声、湖水和情趣相投的友人，在月圆之夜游玩。月光漂浮水上，湖水波光粼粼，荡漾的柔波，产生诗一般的

---

[1]　王羲之著：《兰亭集序》，原载《古文观止》，第 413 页，北京：中华书局，2009 年版。

1924 年的雷峰塔

西湖，据《亚细亚大观》

台州府境图

画面。此情此景，拨动年轻人的心，叶圣陶诗兴大发，脱口而出两句："数星灯火认渔村，淡墨轻描远黛痕。"

1922 年春天，应校长郑鹤春的邀请，朱自清前往台州浙江省立第六师任教。在此期间，他没有与一师解除关系，同学们舍不得他走。一师校长马叙伦找他谈话，真诚地挽留。朱自清在台州待了两个月的时间，4 月底回到一师。

身穿一件粗布的长衫，拎着一只黑皮包，暑假过后，朱自清告别杭州，来到了台州浙江六师任教。这次来台州，他断绝杭州的一切来往，携带一家四口人，打算安家落户。

台州在浙东山区，距离东海不远，是个面积不大的山城。一条大街是城市里热闹的地方，相对于别的街道，青天白日人影稀少。初秋的山城受海洋的影响，潮湿的空气，多了一分郁闷。旧仓头红台门，它的最早主人姓杨，明代永乐年间做木材生意，从福建经商到临海。他修建的四合院，原来称呼杨家里。朱自清到台州，这里有一处房子成为他的寓所。

台州小城不大，坐在临街的书房里，清楚地听见说话声，路上的行人太少了，偶有一两声人语，听起来就像远风送来的。除此以外，朱自清能听到屋后山上的阵阵松涛、悠悠晚钟，以及清脆的鸟鸣。1927 年 9 月 27 日，朱自清在《一封信》中，描述他对于台州的印象：

> 我对于台州，永远不能忘记！我第一日到六师校时，系由埠头坐了轿子去的。轿子走的都是僻路；使我诧异，为什么堂堂一个府城，竟会这样冷静！那时正是春天，而因天气的薄阴和道路的幽寂，使我宛然如入了秋之国土。约莫到了卖冲桥边，我看见那清绿的北固山，下面点缀着几带朴实的洋房子，心胸顿然开朗，仿佛微微的风拂过我的面孔似的。到了校里，登楼一望，见远山之上，都幂着

白云。四面全无人声，也无人影；天上的鸟也无一只。只背后山上谡谡的松风略略可听而已。那时我真脱却人间烟火气而飘飘欲仙了！后来我虽然发现了那座楼实在太坏了：柱子如鸡骨，地板如鸡皮！但自然的宽大使我忘记了那房屋的狭窄。我于是曾好几次爬到北固山的顶上，去领略那飕飕的高风，看那低低的，小小的，绿绿的田亩。这是我最高兴的。

来信说起紫藤花，我真爱那紫藤花！在那样朴陋——现在大概不那样朴陋了吧——的房子里，庭院中，竟有那样雄伟，那样繁华的紫藤花，真令我十二分惊诧！她的雄伟与繁华遮住了那朴陋，使人一对照，反觉朴陋倒是不可少似的，使人幻想"美好的昔日"！我也曾几度在花下徘徊：那时学生都上课去了，只剩我一人。暖和的晴日，鲜艳的花色，嗡嗡的蜜蜂，酝酿着一庭的春意。我自己如浮在茫茫的春之海里，不知怎么是好！那花真好看：苍老遒劲的枝干，这么粗的枝干，宛转腾挪而上；谁知她的纤指会那样嫩，那样艳丽呢？那花真好看：一缕缕垂垂的细丝，将她们悬在那皴裂的臂上，临风婀娜，真像嘻嘻哈哈的小姑娘，真像凝妆的少妇，像两颊又像双臂，像胭脂又像粉……我在他们下课的时候，又曾几度在楼头眺望：那丰姿更是撩人：云哟，霞哟，仙女哟！我离开台州以后，永远没见过那样好的紫藤花，我真惦记她，我真妒美你们！

此外，南山殿望江楼上看浮桥（现在早已没有了），看憧憧的人在长长的桥上往来着；东湖水阁上，九折桥上看柳色和水光，看钓鱼的人；府后山沿路看田野，看天；南门外看梨花——再回到北固山，冬天在医院前看山上的雪；都是我喜欢的。

说来可笑，我还记得我从前住过的旧仓头杨姓的房子里的一张画桌；那是一张红漆的，一丈光景长而狭的画桌，我放它在我楼上的窗前，在上面读书，和人谈话，过了我半年的生活。现在想已搁起来无人用了吧？唉！

　　远离大城杭州，山城少了一些烦心事。朱自清除了上课，待在家中大门不出、二门不迈地陪伴妻儿。

　　朱自清在台州度过冬天，这是一个山城，坐落在大谷里，夜晚漆黑一片。偶尔有人家的窗户，露出一点点的灯光，贪黑走路的人，必须举着火把，在火焰和烟气下，看清前行的路。朱自清住在山脚下，无任何阻挡物，从山上松林吹来风的啸声，如同一头发情的野狼。他感觉台州没有春天，冬天过后，便是酷热的夏天。他感觉总似冬天，真来到冬天的时候，这里又不似冬天，缺少冷彻透骨的日子。

　　文化学者何达兴，在寻找杨家大院名人的足迹、考证朱自清故居时指出：

　　　　这里，让我们看看朱自清先生留在台州的"背影"。一是朱自清先生居住过半年的寓所尚存。据笔者了解，朱自清先生到台州中学任教时，曾在"新嘉宾旅馆""旧仓头杨姓房子"、校内"佩弦楼"（朱自清字佩弦）等处住过。如今唯"旧仓头杨姓房子"尚存。

　　　　朱自清先生在他《一封信》的文中曾这样写道："我还记得我从前住过的旧仓头杨姓的房子里一张画桌，那是一张红漆的，一丈光景而狭的画桌，我放它在我楼上的窗前，在上面读书，和人谈话，过了我半年的生活。现在想已搁起来无人用了吧？"另外，他在《冬天》一文中写道："我们住在楼上，书房临着大路；路上有人说话，可以清清楚楚地听见。但因为走路的人太少了，间或有点说话的声音，听起来还只当远风送来的，想不到就在窗外。""有一回我上街去，回来的时候，楼下厨房的大方窗开着，并排地挨着他们母子三个；三张脸都带着天真微笑在向着我。"

　　读了朱自清先生两篇文章的部分内容后，使我们看到朱先生在台州中学任教期间，在"旧仓头杨姓的房子里"住了半年。他在《冬天》一文中，对自己住房位置作了较为详细的记载。根据朱自清先生的描绘，我们对"杨家里"的院子作了多方调查和考证，认为朱自清先生住过的房子就是福建杨氏后裔杨佩华的西厢房前端的吊楼（又名翘角楼），现属市公安局消防器材厂，至今仍保护完好。其楼上原是住房，楼下是厨房，厨房门边还有一口古井。楼下的墙外原是一条大路，即今广文路。后来，我们在西厢房杨文德家的楼下房中，发现了一张长 1.9 米，宽 0.5 米，高 0.95 米的清代画桌，据杨文德说，这是爷爷杨佩华传下来的，至今已有 130 多年历史了。故这张画桌可能就是当年朱自清先生使用过的那张画桌。

　　二是朱自清先生喜爱的紫藤花，仍在台中校园里吐艳。[1]

湿冷的冬天，从东海和山中刮来的风，在城市里交汇。外边纠缠的冷，似乎考验人的耐性。一回到了家里，守着小火炉子，散发一点暖气，如春天一般。

---

[1] 何达兴著:《寻找杨家大院里的名人足迹——台州府城旧仓头红台门纪事》，原载《今日临海》，2012 年 6 月 7 日。

有一天，朱自清上街回来，看到楼下厨房的方窗敞开。他往里一望，妻子和孩子并排坐着，三个小脸带着阳光般的天真，微笑地看着他。

　　天气再冷，即使狂风暴雪，回到家总是温暖的。

# 父亲的背影

　　算一下时间，父子俩两年未见面，这些日子里，回想过去的生活，对父亲记忆最深的竟然是他的背影。

　　因为小说《笑的历程》，朱自清与父亲产生矛盾，赌气之下，互相不来往。1923 年，朱自清写了小说《笑的历程》，小招未嫁之前，生活父母的身边，自由自在地快乐。从小不受拘束，性格开朗活泼的女孩，自打嫁到破落的封建专制的婆家，她一下子跌落低谷。作为人妻要贤惠，作为人母充满疼爱，吃尽辛苦不说，还得忍受公婆的冷眼。

　　小说对老式的家庭、传统道德进行抨击，女主人公小招，以妻子武仲谦为原型。父亲朱小坡读后，暴跳如雷地大闹，他牢记古训"家丑不可外扬"。朱自清常年在外，受到各种新文化的影响，尤其是长子，养成倔强的脾气，父子俩对待事物的观点不同，年龄产生的代沟，使矛盾进一步加深。父子间采取冷战，不再讲话，这种僵持的局面，一过就是两年多。

　　父亲在中国传统家庭里都扮演着严厉的角色，作为封建家长，他的权力是至高无上的，在子女眼里，父亲的形象总是不苟言笑，不容用言行来反抗的。一旦时代赋予了青年更多的自由，他们就要起来反抗这个家长。所以在"五四"新文学中，父亲一般是专制的象征、青年们反抗的对象。朱自清也是个接受了五四新文化熏陶的新青年，他对自己的父亲也有反抗的表示。在他以亡妻武仲谦为原型的《笑的历史》这部小说中就有所表现，他写了一个天真纯洁的少妇如何由爱笑到不会笑甚至不敢笑的经过，而正是父亲给这个可怜的女人最沉重的打击。[1]

朱家的日子不顺，不断地遇到大小的风波，本来朱自清考上大学，娶了一房媳妇，双喜临门的好事。吉兆不肯降临朱家，一年以后，不幸的是又遇上麻烦。朱自清父亲做事能干，但残存封建时代的不良习惯，自命清高，做事爱讲排场，家有结发妻子，外面又讨了偏房。他在宝应做厘捐局长时，讨了几个姨太太，祸事出在淮安籍的姨太太潘氏身上，这个女人是朱自清提到过的庶母。潘氏不是举家过日子的人，她既精明，又跋扈。她大朱自清的母亲四岁，背后耍弄诡计，搞得家里不安宁。

父亲一辈子在家中做老太爷，不肯吸取教训。在徐州任榷运局长，又聚了几房姨太太。潘氏不是一般的女人，得理不饶人，没有也要找三分。她听说此事后愤怒，赶到徐州大闹一场，弄得社会上风言风语。

1917年岁末，朱自清的父亲承受不住压力，将姨太太打发回家，以平息各种传言。事情传到上级，被上面的人怪罪下来，丢了养家糊口的差事。他做事大手大脚，一向老爷作风，不善整理自己的财产。打发几个姨太太，不仅耗费精力，而且花很多的钱财，办理差

---

① 沈霞著：《朱自清散文：真与美的完美融合》，苏州大学，2009级硕士生论文。

朱自清的父亲与儿孙

朱自清和家人

付大伟 作

事交接手续，账上没有剩余的钱，反倒亏欠500块大洋。墙倒众人推，过去的所谓友人，不见一个人影，无人伸出援助之手。他被逼得无任何办法，让家里变卖一些首饰，补上亏空的窟窿。

这件人祸的事情，对于家庭的打击太大。不过几天的工夫，祖母经受不住袭来的祸事，撒手离开人世，朱自清的父亲东拼西凑一笔钱，才把丧事办完。两件事的发生，对于家庭天塌地陷的毁灭，过去平静的日子，现在每况愈下。丢了俸禄不说，家中又无别的收入，难以维持正常的生活。

1925年，朱自清从白马湖回到清华大学任教，离开南方回到北方，一南一北的差异，不但生活变化，他更感到亲情的离失。多事的冬天，祖母带着怨恨去世，朱自清的父亲弄丢差使，解甲归田。祸不单行的日子，朱自清从北京赶到徐州，打算跟父亲一起回家奔丧。他见到久别的父亲，居住的院子乱七八糟，看不出家的温暖。一个乱字，搅得他心神不宁，想起去世的祖母，控制不住自己的情绪，流下痛苦的泪水。父亲看着儿子的样子说："事已如此，不必难过，好在天无绝人之路！"

家中没有存钱，为了办丧事变卖典质，还是凑不齐钱，只得想办法借钱。朱自清已经不是少年，亲眼看见家中的变故。他的情感发生很大的变化，对人生有了另一种看法。家中凄凉的光景，暴露的惨淡，丧事耗尽家中值钱的东西，父亲赋闲在家，没有一点收入。丧事忙完以后，父亲不能再待下去，要出门到南京谋事，朱自清也要离家，回北京继续读书，父子正好同行。

南京有着近2600年的建城史，500年的建都史，它是中国四大古都之一，素有"六朝古都""十朝都会"的美誉，厚重的文化底蕴和丰富的历史。朱自清20多岁，正是人生最好的年纪，来到南京不可能待在旅馆中，朋友知道他来，热情地约他游玩。一天的时间，留下深刻的记忆。

第二天上午，朱自清坐船渡江去浦口，赶下午的火车，然后回到北京。他的父亲刚来南京，事务繁忙，缠身脱不开，说好不去送儿子。他托旅馆熟识的茶房，代表他送儿子上车，几次嘱咐茶房，每一处细节都说个遍。儿行千里父担忧，最后他放不下心，怕茶房稍一粗心，把事情办不妥帖。家中经过这么多的事情，随着年龄的增长，父子间发生微妙的变化。生活一点点榨干激情，现在他有些依恋儿子。他一生清高自大，不便在儿子面前表露。朱自清不是第一次出远门，这条路上来往过两三次，况且男人在外，没有大不了的事。父亲犹豫一会儿，决定自己送。他劝父亲不用去，让他放下心。父亲不多说话，只说一句："不要紧，他们去不好！"

父子俩坐船过江，走进车站，朱自清忙着买票，很少有时间与父亲交流。站在一边照看行李，看着儿子忙碌的样子，父亲一反常态，他和脚夫谈价钱。看到父亲对这方面不在行，谈价时笨嘴拙舌。他经历过这样的场面，在一旁插嘴帮忙，终于谈定价钱，将行李送上车。父亲帮他放好行李，选了靠车门的座位进出方便，朱自清将父亲给他的"紫毛大衣铺好座位"。父亲又一次嘱咐路上多留神，小心一点，"夜里警醒些，不要受凉"。父亲细致入微，这不是他的风格，朱自清觉得好笑。平时父亲不这个样子，再说又不是小孩子，知道怎么料理自己。

我说道，"爸爸，你走吧。"他望车外看了看，说，"我买几个橘子去。你就在此地，不要走动。"我看那边月台的栅栏外有几个卖东西的等着顾客。走到那边月台，须穿过铁道，须跳下去又爬上去。父亲是一个胖子，走过去自然要费事些。我本来要去的，他不肯，只好让他去。我看见他戴着黑布小帽，穿着黑布大马褂，深青布棉袍，蹒跚地走到铁道边，慢慢探身下去，尚不大难。可是他穿过铁道，要爬上那边月台，就不容易了。他用两手攀着上面，两脚再向上缩；他肥胖的身子向左微倾，显出努力的样子。这时我看见他的背影，我的泪很快地流下来了。我赶紧拭干了泪，怕他看见，也怕别人看见。我再向外看时，他已抱了朱红的橘子往回走了。过铁道时，他先将橘子散放在地上，自己慢慢爬下，再抱起橘子走。到这边时，我赶紧去搀他。他和我走到车上，将橘子一股脑儿放在我的皮大衣上。于是扑扑衣上的泥土，心里很轻松似的，过一会说，"我走了；到那边来信！"我望着他走出去。他走了几步，回过头看见我，说，"进去吧，里边没人。"等他的背影混入来来往往的人里，再找不着了，我便进来坐下，我的眼泪又来了。

平常的小事情，稍不留意闪过去。从父亲的背影中，朱自清发现感人的力量，这就是真爱，他感受父亲的内心世界。

多年以后，朱自清写出《背影》，文章中他没有表现父亲的严厉，塑造父亲的慈爱。

人到中年，朱自清已经作为父亲，对于父爱能够深刻地理解。他有了4个儿女，背着沉重的压力，不是一般的责任，既要抚养孩子，又赡养老人。他懂得父亲养育自己的艰辛，回忆八年前父亲送他上学时买橘子的情景。

朱自清和父亲为了生存，东奔西走，相聚的时间较少。家中的状况，并不多么乐观，他很早出外谋生，因为他是长子，尽最大的能力支撑这个家。父亲一天天老了，脾气越来越怪，看到现在的家触目伤怀，控制不住情绪，稍不顺心暴跳如雷。父亲对朱自清大相其反，与他的关系比原来融洽。尽管两年不见，无只言片语的通信，父亲既往不咎，好似什么事情未发生过。他经常在家中念叨，思念之情不时流露。他写了一封信给朱自清，信中伤感地说，"我身体平安，唯膀子疼痛厉害，举箸提笔，诸多不便，大约大去之期不远矣。"

朱自清接到父亲的信，读到此处，眼睛被泪水模糊，泪光中看到父亲，"那肥胖的，青布棉袍，黑布马褂的背影"。想到远方的他，恨不得马上回家，陪伴老人的晚年。

# 婚姻大事

　　这个春天，我听朱自清讲述自己的故事，跟着他走进远去的年代。雨滴落伞面上，发出脆亮的声音，谱出舒缓的乐曲。文人把雨比作愁丝，可能丝是由水和阴构成。年轻的时候，从东北漂泊到山东，初到时想故乡的痛苦，写下很多的文字，带着阴湿的灰色。多少次雨中，我打着蓝色的伞，独自走向街头，长长的雨线，蔓生出思乡的情绪。现在人过五十，又客居缙云山下，蓝雨伞不是当年的那一把，不同年龄的漂泊，心境不一样。

　　长子长孙在传统的家庭，是一个重要的位置，要恪守家道，严守一切规矩。朱自清年纪不大，家中操心他的婚姻。他还未进入青春期，对男女之事懵懂，至于找媳妇更是一片茫然。老人里外忙活，他不感兴趣，似乎与己不相关。他照常学习，两耳不闻窗外的事情。托人求媒，物色到一个差不多的人家，这样一来，事情有了眉目，朱自清曾祖母在苏北乡下的娘家人。家人带朱自清住过一段，算是见一个面。他年少贪玩，多少年后回忆，没有留下一点影子。

　　在朱自清的亲情散文中，从对家庭生活和怀念亲人的身边小事的记录中，看似琐碎，但透出这些琐事中所含的真实的情感，显示了其亲情散文的诙密哀婉。这种风格的显现，是像秋天山泉般的沁出，在温和的感情流淌中，带着一点淡淡的哀愁，让人品尝出人生的苦味。①

开始的时候，少年朱自清感觉拘束，自己是外来的人，对村子里的情况不熟悉，城市的生活与乡村差别很大。日子一长，习惯周围的环境，身边往来的人都认识，交流中亲热起来。朱自清喜欢田园生活，给这个地方起了诗性的名字"花园庄"。乡下的空气清新，风光恬美，发现在城里见不到的东西。不时听大人说，他找的媳妇家在这里，觉得挺好的，在风光美丽的地方生活，也是相当不错的。家中每年都有从那边来的乡下人，一身蓝布短衣打扮，嘴上衔着旱烟管。他们带好些土特产，大麦粉、白薯干儿之类的新鲜物。浓重的家乡话中，他们偶然提到那位姑娘，她比朱自清大1岁，个头儿高，有一双裹过的小脚。

大约是一年前，从苏北捎来的信中说，小姑娘不幸得痨病死去，朱家的反响不强烈。这个未来的媳妇，看见她时还小，时间一长，长得模样记不清。朱自清的父亲在外面做官，家中里外的事情由母亲主持，她的想法与别人不同，朱自清的婚事比任何人着急。她开始活动，四处托人打听合适的人家，为儿子物色对象。有事乱求人，她托常来做衣服的裁缝帮忙，他接触的人多，上门量身材，有机会看见太太和小姑娘。朱自清的母亲费尽心机，她的主意不错，过不几天裁缝为此事来，说是相中一人家，经济比较富实，家中有两位姑娘。一位姨太太所生，裁缝他给说的是大太太生的女儿。他说那边对这门亲戚比较满意，并要求相亲。朱自清的母亲听后，高兴地答应，定下好日子，由媒人裁缝带着朱自清去茶馆会面。

---

① 张小梅著：《探析朱自清的亲情散文》，原载《时代文学》，2007年3期。

　　记得那是冬天，到日子母亲让我穿上枣红宁绸袍子，黑宁绸马褂，戴上红帽结儿的黑缎瓜皮小帽，又叮嘱自己留心些。茶馆里遇见那位相亲的先生，方面大耳，同我现在年纪差不多，布袍布马褂，像是给谁穿着孝。这个人倒是慈祥的样子，不住地打量我，也问了些念什么书一类的话。回来裁缝说人家看得很细：说我"人中"长，不是短寿的样子，又看我走路，怕脚上有毛病。

　　北碚连阴的雨天，雨绵密不大，出门时离不开伞。阴冷渗进身体中，似乎长出潮湿，爬出一股忧郁。看到朱自清少年的形象，心情不很好受。他被母亲的苦心打扮，总算让人家相中。母亲放不下心，关于儿子一辈子的幸福，也是朱家的头等大事。母亲派老妈子去打探，终于等回老妈子，她见到的情景不容乐观。胖姑娘能装下朱自清，老妈子比画着说，"坐下去满满一圈椅；二小姐倒苗苗条条的"。朱自清的母亲认为，女人太胖不能生孩子。她又请裁缝帮忙捎口信，改为二小姐，对方一听赌气地拒绝，事情不快地结束。

　　小朱自清几岁的巴金，他们是同时代的作家，出生的背景不同，对婚姻的看法，在自己的作品中表达出来。巴金通过小说《家》的故事，指向封建社会的旧礼教和封建专制统治。

　　他在爱的环境中渐渐地长成，到了进中学的年纪。在中学里他是一个成绩优良的学生，四年课程修满毕业的时候又名列第一。他对于化学很感兴趣，打算毕业以后再到上海或北京的有名的大学里去继续研究，他还想到德国去留学。他的脑子里充满了美丽的幻想。在那个时期他是一般同学所最羡慕的人。

　　然而厄运来了。在中学肄业的四年间他失掉了母亲，后来父亲又娶了一个年轻的继母。这个继母还是他的死去的母亲的堂妹。环境似乎改变了一点，至少他失去了一样东西。固然他知道，而且深切地感到母爱是没有什么东西能代替的，不过这还不曾在他的心上留下十分显著的伤痕。因为他还有更重要的东西，这就是他的前程和他的美妙的幻梦。同时他还有一个能够了解他、安慰他的人，那是他的一个表妹。

但是有一天他的幻梦终于被打破了，很残酷地打破了。事实是这样：他在师友的赞誉中得到毕业文凭归来后的那天晚上，父亲把他叫到房里去对他说：

"你现在中学毕业了。我已经给你看定了一门亲事。你爷爷希望有一个重孙，我也希望早日抱孙。你现在已经到了成家的年纪，我想早日给你接亲，也算了结我一桩心事。……我在外面做官好几年，积蓄虽不多，可是个人衣食是不用愁的。我现在身体不大好，想在家休养，要你来帮我料理家事，所以你更少不掉一个内助。李家的亲事我已经准备好了。下个月十三是个好日子，就在那一天下定。……今年年内就结婚。"

这些话来得太突然了。他把它们都听懂了，却又好像不懂似的。他不作声，只是点着头。他不敢看父亲的眼睛，虽然父亲的眼光依旧是很温和的。

他不说一句反抗的话，而且也没有反抗的思想。他只是点头，表示愿意顺从父亲的话。可是后来他回到自己的房里，关上门倒在床上用铺盖蒙着头哭，为了他的破灭了的幻梦而哭。①

---

① 巴金著：《家》，第 26～27 页，北京：人民文学出版社，2014 年版。

　　儿子的事情，永远挂在心头上。朱自清的母亲，在牌桌上遇见一位牌友，她有个女儿，年龄和儿子相符，聪明伶俐。女孩的条件打动母亲的心，她盘算这门亲戚。几天后，她托人探听那边的口气，了解对方的底细。女孩的父亲做官，比朱自清的父亲小，这个重要的信息，使母亲有信心。社会上讲究门当户对，况且从官位相比，朱家的大一级。对方一听家庭条件，符合他们家的要求，乐意做成亲事。

　　生活的真实，有时无法想象，双方经过媒人的沟通，事情快要定下时，忽然发生意外。朱自清一个本家的叔祖，他家的老妈子认识这家子人，熟悉家中的事情。母亲听说这个关系，请来老妈子打听女孩家的情况。开始的时候，她吞吞吐吐地不愿说，但到底被母亲问出。原来那小姑娘不是亲生的，而是抱养过来的孩子。两口子不能生育，一家人疼爱女孩，对待亲生的一样。朱自清的母亲一听，顿时变得心冷。好在没有什么发展，尽快地结束。过了两年，听说女孩得了痨病，染上吸鸦片烟的恶习，"母亲说，幸亏当时没有定下来。"

　　1916年夏，朱自清18岁时，从第八中学毕业，作为一名优秀的学生，他获得了校长亲自颁发的品学兼优奖状，考入北京大学。

　　朱自清考上北京大学，这是天大的喜讯，多年朱家摆脱不掉厄运的阴影，从未有过的好事。风水轮流传，吉兆预示朱家未来的兴旺发达。朱自清的父亲满脑子旧思想，他认为喜上加喜，成双结对的喜字，能使家族振兴，他决定好事成双，给儿子完婚。朱家的媳妇已经订好，只是选择良辰吉日。

　　朱自清是长子长孙，传宗接代是一项重大的任务。寒假从北京回来，父亲立刻张罗婚事。1916年12月15日，朱自清与武仲谦喜结良缘。他不到10岁，母亲就为他找媳妇，如今他学业有成，也到了谈婚论嫁的年龄。

革命那一年，朱自清的父亲得了伤寒，四处请医生看病，无明显的效果。有病乱投医，最后请到武威三大夫，他是扬州城的名中医。朱家人经常请大夫的听差，等候的工夫，他与武大夫的轿夫闲聊，了解他家的根底。其中有一条重要的信息，武大夫夫人已故多年，身边只有爱女一人相伴。他回到朱家，将此消息透露给朱自清的母亲，她顺着这条线向下追问，打听到了武家姑娘长得端正，待人知冷知热，又和朱自清同龄，尚未许配人家。无疑是件好事，她立刻找媒人提亲，托贴身老妈子相亲，紧锣密鼓地催办，婚事总算定下来。那一年朱自清13岁，不明白什么道理，还在私塾读书。现如今两个人18岁，朱自清考进大学，可以让他们结婚。

大红的喜字贴在门上，院子里飘散喜庆的气氛。一杆唢呐响起，高亢嘹亮，刚中有柔，柔中有刚，热情洋溢的情感，从喇叭口流淌出来。一阵鞭炮声中，地上撒满红纸屑，新郎官朱自清，一身新婚的吉服，身披红绶带，接来一顶花轿。

朱自清是传统的婚姻，不是话剧演的自由恋爱。父母的苦心未白费，妻子武仲谦和朱自清一样是外来户，她的祖籍是杭州，却在扬州长大。武仲谦身材不高，长得不算漂亮倒是周正，温柔贤淑，性格开朗，朱自清感谢老天，给他贴心的媳妇。

# 儿女心事

　　1983 年，人民文学出版社编选一套"中国现代文学原本选印"，其中收入朱自清的散文集《背影》。

　　这本散文集，1928 年 10 月，由上海开明书店初版。再版尽量忠实旧版本，内容极少变动。1983 年，是我人生重大转折的一年，离开生长的故乡，来到遥远的山东定居。迁移的痛苦，告别的不仅仅是一片土地，诗人加里·斯奈德指出："家，就是从内心深处、精神高度上必须根植于此的地方。"[①] 离别的疼痛不是几句话可以医治的，它是时间的修复，我游荡陌生的小城，逛书店买书。在黄河二路上，门楣铸有水泥五角星的书店，买到朱自清的《背影》。

　　1928 年 10 月，《小说月报》开设"儿女"的同题专栏，这一期刊载两个人的文章，一个是远在北京清华的朱自清，另一个是他的好友，身在石门湾的丰子恺。他们既是朋友，又是文学研究会的成员，都是 31 岁，各有 5 个子女。他们同是浙江人，相距的地方不远，不过 300 公里，但生活的背景不同，接受的文化教育不一样。对待

---

① ［美］加里·斯奈德著：《禅定荒野》，第 43 页，桂林：广西师范大学出版社，2014 年版。

人生的态度上，为人处世，不随波逐流，坚持个人风骨有着相同点。

　　1928年6月24日，北方走进夏季，敞开的窗子，涌进一阵阵热风。虫鸣声响起，勾起怀乡思家的情绪。清华园里安静，灯光下，望着铺开的纸，吸足墨水的笔，等待他拿起书写。

　　想到自己作为父亲，养活5个儿女，友人叶圣陶常用"蜗牛背了壳的比喻"，越来越理解。10年前，朱自清19岁结婚，不短不长的时间，由两个人增加到7个人，成为一个大家庭。灯光将他的影子投映墙上，孤独的剪影，加重思念的心情，他写下"儿女"作为文章的标题。

　　家庭是温暖的地方，也是压力最大，责任是一副无形的担子，比一座山沉重。朱自清在家中是长子，现在做父亲，又添上分量，不知怎样走才好。朱自清认为自己自私，做丈夫勉强及格，当父亲不称职。中国人的家庭伦理观念，"子孙崇拜，儿童本位的哲理或伦理，我也有些知道；既做着父亲，闭了眼抹杀孩子们的权利，知道是不行的。"朱自清长年在外，受过清华大学的高等教育，接受新的思想，他说自己"实际上我是仍旧按照古老的传统，在野蛮地对付着，和普通的父亲一样。"不知不觉间人到中年，反思过去对孩子做过的事情，觉得过于残酷。孩子的世界单纯，人生的经验少，小错误需要在时间中克服，他有家长的作风，稍不顺心意，便对孩子体罚，这种伤害影响一生。

　　1918年9月，儿子朱迈先出生，朱自清在北京大学读书，不满20岁，从儿子到父亲的角色转换。毕业后的几年里，他相继任教江浙一带的几所中学，拖家带口地四处奔波，家庭的重担，压得他十分辛苦。1925年8月，经好友俞平伯的推荐，朱自清去北京清华学校新增设的大学部任教，他把妻儿留在南方。直到安顿下来，工作和生活平稳，武仲谦带着两个小儿女去了北京，朱迈先兄妹留在扬州祖父母身边。1933年，朱迈先被父亲接到北京念书，他已经不是

抓住这剪影，加上思索……他

笔下儿女，这个文章的标题

付大伟　作

个孩子，长成 14 岁的小大人。朱自清的父亲去年来信，问起孙子阿九的近况，那时阿九还留在白马湖，不带在身边。父亲信上说了一句话，刺痛朱自清的心，"我没有耽误你，你也不要耽误他才好。"望着纸上父亲的字，一个个饱蘸情感的字，让朱自清哭了一场。

1924 年 3 月 1 日，鲁迅的《幸福的家庭》一文，刊于上海《妇女杂志》第十卷第三号。朱自清读后感想颇多：

你读过鲁迅先生的《幸福的家庭》么？我的便是那一类的幸福的家庭！每天午饭和晚饭，就如两次潮水一般。先是孩子们你来他去地在厨房与饭间里查看，一面催我或妻发开饭的命令。急促繁碎的脚步，夹着笑和嚷，一阵阵袭来，直到命令发出为止。他们一递一个地跑着喊着，将命令传给厨房里的用人；便立刻抢着回来搬凳子。于是这个说，我坐这儿！那个说，大哥不让我！大哥却说，小妹打我！我给他们调解，说好话。但是他们有时候很固执，我有时候也不耐烦，这便用着叱责了；叱责还不行，不由自主地，我的沉重的手掌便到他们身上了。于是哭的哭，坐的坐，局面才算定了。接着可又你要大碗，他要小碗，你说红筷子好，他说黑筷子好；这个要干饭，那个要稀饭，要茶要汤，要鱼要肉，要豆腐，要萝卜；你说他菜多，他说你菜好。妻是照例安慰着他们，但这显然是太迂缓了。我是个暴躁的人，怎么等得及？不用说，用老法子将他们立刻征服了；虽然有哭的，不久也就抹着泪捧起碗了。吃完了，纷纷爬下凳子，桌上是饭粒呀，汤汁呀，骨头呀，渣滓呀，加上纵横的筷子，欹斜的匙子，就如一块花花绿绿的地图模型。吃饭而外，他们的大事便是游戏。游戏时，大的有大主意，小的有小主意，各自坚持不下，于是争执起来；或者大的欺负了小的，或者小的竟欺负了大的，被欺负的哭着嚷着，到我或妻的面前诉苦；我大抵仍旧要用老法子来判断的，但不理的时候也有。最为难的，是争夺玩具的时候：这一个的与那一个的是同样的东西，却偏要那一个的；而那一个便偏不答应。在这种情形之下，不论如何，终于是非哭了不可的。这些事件自然不至于天天全有，但大致总有好些起。我若坐在家里看书或写什么东西，管保一点钟里要分几回心，或站起来一两次的。若是雨天或礼拜日，孩子们在家的多，那么，摊开书竟看不下一行，提起笔也写不出一个字的事，也有过的。我常和妻说，我们家真是成日的千军万马呀！有时是不但成日，连夜里也有兵马在进行着，在有吃乳或生病的孩子的时候！

朱自清 19 岁结婚，过了一年多，便有了儿子阿九。23 岁，又有了长女阿菜。

朱自清想清静一些，不愿参与更多的社会活动。学问多了不压人，任何的时代都会有作用。从表面上看，逃避似乎是一种方式，生活变得单调，不那么令人不安。躲在清华园学术的小世界里，每天有很多事情要做。

朱自清在清华园，是个性鲜明的新诗人，担任文学社、终南社、韦社等社团的顾问。1928 年，清华学生组织的中国文学会成立，他担任学术委员，兼任清华校刊增刊《文学》的特约撰稿。他给《清华周刊》写出不少的作品，包括《白马湖》《看花》等散文。

1928 年 10 月，朱自清的第一本散文集《背影》，由开明书店出版发行。集中收录 4 年中写下的散文，对于他的创作是一件大事。回想那个时候，"我正像一匹野马，哪能容忍这些累赘的鞍鞯，辔头，和缰绳？摆脱也知是不行的，但不自觉地时时在摆脱着。"校园里安静，春风摇荡心事，望着纸上书写的字，饱藏情感的汁液。想起过去的经历，那些日子自己的所作所为，苦了两个孩子，这是犯罪，是难以原谅的暴行。

朱自清一家住在杭州的学校里，长子阿九只有两岁半，话说不清楚，走路不利索。孩子愿意哭，稍不如意就放声大哭，又怕来的陌生人。如果母亲不在身边，哪怕是一小会，他不管不顾地哭起来。学校不是居民区，住着的都是老师和学生，朱自清知道，这种声音破坏学习的环境。他为人好，来的客人多，儿子的哭闹困扰情绪。

有一次，朱自清想教育儿子阿九，将妻子骗出去办事。他得到机会关严实房门，把阿九按在地上，狠狠地打了一顿。事情造成夫妻间的矛盾，妻子现在说起来，还是觉得不公平，心疼不安。妻子说惨无人道，他的下手太狠，这是两岁半的孩子。

朱自清常想过去的日子，那些漂泊的经历，也忆起和儿女间的事情，觉得难以平静。在台州的时候，长女阿菜过了周岁，在母亲的怀抱中，她不大会走路，刚开始学着走。阿菜是寸步不离母亲，弄得她整天围绕女儿转，什么事都做不了。让朱自清恼火，他认为妻子惯孩子，长大后怎么能独立。有一天，朱自清将阿菜按在墙角里对视半天，女儿一直哭喊。朱自清过火的行为，害得阿菜生了好几天的病。夫妻间由此闹了一阵意见，在对待孩子的问题上，水火不相容。朱自清说出心中话，"那时真寒心呢！但我的苦痛也是真的。我曾给圣陶写信，说孩子们的折磨，实在无法奈何；有时竟觉着还是自杀的好。"发泄内心的火，说一些气愤的话，日子继续向前奔。后来孩子多了，对他们的哭闹声听习惯，耳朵磨出茧子，青年时的棱角磨钝。随着年龄的增长变得成熟，多一些理性的自制力。

朱自清为代表的"人生派"散文创作，努力提倡"为人生"的创作旨趣，他们所坚持的写自我人生和社会现实，体现出严肃的社会责任感和时代使命感，他们创作的记叙兼抒情性散文，有着深厚的社会人生内涵，他们不单纯地记叙和写景，也不仅仅抒发一己之感怀，而是以"为人生"的态度，真实描叙社会民生的艰辛，表达自己人道主义的思想情怀，他们的记叙兼抒情性散文充分体现出时代性的审美体验和艺术特征。①

　　父子之情任何东西不能替代，孩子小的时候，一举一动十分可爱，"孩子们的小模样，小心眼儿，确有些教人舍不得的。"阿毛是朱自清的第五个女儿，现在五个月。他闲下来，经常逗小女儿玩，摸她的下巴，要不向她做逗趣的表情，小阿毛张小嘴，发出咯咯的笑声。她一天天长大，脾气随之见长，不喜欢待在屋里。没有人搭理她，时间待久便大声地嚷叫。妻子赶紧说："姑娘又要出去溜达了。她说她像鸟儿般，每天总得到外面溜一些时候。"老四闰儿刚过完3岁的生日，走路笨得很，话说得不利索。他只能蹦出几个字的短语，不仔细听，分不清说什么，朱自清夫妻俩老是笑他。

　　清官难断家务事，在儿女面前，朱自清有时无奈。大道理讲不清，脾气不能发。他的大女儿阿菜7岁多了，已经上小学。回到家中，在饭桌上，每天讲一些琐事，要么是同学之间，或是他们父母的事情。她眉飞色舞地说，不管你愿听不听，一口气说出来。费了大半天口舌，她便问朱自清："爸爸认识吗？爸爸知道吗？"妻子有些耐不住烦，不让她饭时说话，女儿的问题实在太多：

　　　　看电影便问电影里的是不是人？是不是真人？怎么不

————————

① 黄健著：《以真挚、精美、传神笔法叙写深厚人生内蕴——朱自清、叶圣陶、郑振铎的记叙抒情散文的文体特性》，原载《名著欣赏》，2009年11期。

说话？看照相也是一样。不知谁告诉她，兵是要打人的。她回来便问，兵是人么？为什么打人？近来大约听了先生的话，回来又问张作霖的兵是帮谁的？蒋介石的兵是不是帮我们的？诸如此类的问题，每天短不了，常常闹得我不知怎样答才行。她和闰儿在一处玩儿，一大一小，不很合适，老是吵着哭着。但合式的时候也有：譬如这个往床底下躲，那个便钻进去追着；这个钻出来，那个也跟着——从这个床到那个床，只听见笑着，嚷着，喘着，真如妻所说，像小狗似的。现在在京的，便只有这三个孩子；阿九和转儿是去年北来时，让母亲暂时带回扬州去了。阿九是欢喜书的孩子。他爱看《水浒》《西游记》《三侠五义》《小朋友》等；没有事便捧着书坐着或躺着看。只不欢喜《红楼梦》，说是没有味儿。是的，《红楼梦》的味儿，一个十岁的孩子，哪里能领略呢？

朱自清写儿女的每一个字，体现父亲对儿女的舐犊之情，还有夫妻间的爱。对待儿女的描写，这与他《背影》中写父亲不同，现在角色转换，他以父亲的身份，面对"儿女"这两个字。朱自清笔下的父亲与儿女的情，不能简单生动地表述，尽管叙述平常的琐事，那种愧疚的心情，让人感受父亲对子女的爱。

朱自清带两个孩子出来，因为在外照顾不过来。转儿跟着祖母长大，如果离开她，对老人是个打击，思前想后，在上海将他俩留下。

记得那天早上，朱自清领着老大阿九，离开二洋泾桥的旅馆，送他去母亲和转儿住的亲戚家。妻嘱咐朱自清说，给孩子买点好吃的。话那么的伤感，一个不懂事的孩子，要尝受分离的痛苦，这是否太残酷。父子俩走过四马路，来到一家卖茶食的铺里。货架上摆着各样的食品，朱自清问儿子要哪一样，阿九说要熏鱼。朱自清二话不说，就给儿子买下，又买了几样饼干给转儿。父子俩乘电车到海宁路，一路上阿九不言语，他不说话，已经明白将要发生什么。下车时，阿九抱着父亲买的食物，一脸不安的神色。看着他惴惴不安，心中有说不出的滋味。到了亲戚家以后，朱自清向妻子交代几句，他要回旅馆收拾东西，然后去码头上船。转儿瞪着一双眼睛，望着父亲不说话，阿九在和祖母说悄悄话。朱自清硬着头皮，看了妻儿一眼，转身离开他们。

1928 年夏天，朱自清的友人丰子恺，在老家石门湾的平屋，也写了一篇《儿子》，同时刊发在《小说月报》。丰子恺的性格与朱自清截然不同，对待子女的方法不会一样。丰子恺请人在一只烟嘴边刻上了清代僧人八指一首赞美儿童的诗："吾爱童子身，莲花不染尘。骂之唯解笑，打亦不生嗔。对境心常定，逢人语自新。可慨年既长，物欲蔽天真。"每当一拿起烟嘴，摸到凹进的字迹，也可以读到这行文字，体现丰子恺对待儿童的世界观。

　　儿女对我的关系如何？我不曾预备到这世间来做父亲，故心中常是疑惑不明，又觉得非常奇怪。我与他们（现在）完全是异世界的人，他们比我聪明、健全得多；然而他们又是我所生的儿女。这是何等奇妙的关系！世人以膝下有儿女为幸福，希望以儿女永续其自我，我实在不解他们的心理。我以为世间人与人的关系，最自然最合理的莫如朋友。君臣、父子、昆弟、夫妇之情，在十分自然合理的时候都不外乎是一种广义的友谊。所以朋友之情，实在是一切人情的基础。"朋，同类也。"

　　并育于大地上的人，都是同类的朋友，共为大自然的儿女。世间的人，忘却了他们的大父母，而只知有小父母，以为父母能生儿女，儿女为父母所生，故儿女可以永续父母的自我，而使之永存。于是无子者叹天道之无知，子不肖者自伤其天命，而狂进杯中之物，其实天道有何厚薄于其齐生并育的儿女！我真不解他们的心理。近来我的心为四事所占据了：天上的神明与星辰，人间的艺术与儿童，这小燕子似的一群儿女，是在人世间与我因缘最深的儿童，他们在我心中占有与神明、星辰、艺术同等的地位。[①]

1928年版的《背影》，收录丰子恺为朱自清4岁的女儿朱采芷画的画像。他读过丰子恺为华瞻写的文章，"真是蔼然仁者之言"。朱自清的另一位好友叶圣陶，同样为孩子操心，琐事困扰着他，孩子小学毕业，去什么中学念好呢？他们在一起闲聊，谈文学的激情中，多了一分孩子的话题。中年男人不仅为了事业，必须担当家庭的责任。

朱自清和朋友们在一起，经常交流教育心得，他和他们不一样，内心有些惭愧，他想的是"第一该将孩子们团聚起来，其次便该给他们些力量。"在一个家庭中，父亲的责任和母亲不同。人们常说"娇子如杀"，道理说起来容易，做起来太难。他不是道听途说，眼见过一个人，过度地疼爱儿女，不好好地教育他们，等到想管教，已经不起作用，孩子的一生荒废掉。

朱自清不想让儿女大富大贵，只是想让他们学会怎样做人。现在不是旧时代，一切听从父母的安排，让过去的事情上演，将子女规范在自己的路子上，应该使他们独立自主地发展。

朱自清认为，"现在毫不能有一定的主意；特别是这个变动不居的时代，知道将来怎样？好在孩子们还小，将来的事且等将来吧。"

---

[①] 丰子恺著：《儿女》，原载《丰子恺随笔》，第49～55页，北京：海豚出版社，2013年版。

作为父亲，他所能教的便是培养他们做人为事的基本，从小事和细节着手，让他们明白道理。孩子们需要从小浇灌，自然要把自己的处世经验、得到的经历讲给他们听。"神而明之，存乎其人，光辉也罢，倒霉也罢，平凡也罢，让他们各尽各的力去。"

朱自清对孩子们的想法不多，希望他们快乐地成长，有个人的理想抱负。他尽心尽意地做一个父亲，便心满意足。

# 说给亡妻的话

1932 年 10 月 11 日，35 岁的朱自清，在武仲谦离世 3 年后，写了一封书信，表达他对妻子的思念，还有沉积心中的伤感。

有些事情不是时间所能湮没掉的，时间久，它反而清晰，更加想念那些日子。一篇文章，表现浓得化不开的怀念。

谦，日子真快，一眨眼你已经死了三个年头了。这三年里世事不知变化了多少回，但你未必注意这些个。我知道，你第一惦记的是你几个孩子，第二便轮着我。孩子和我平分你的世界，你在日如此；你死后若还有知，想来还如此的。告诉你，我夏天回家来着：迈儿长得结实极了，比我高一个头。闰儿父亲说是最乖，可是没有先前胖了。采芷和转子都好。五儿全家夸她长得好看；却在腿上生了湿疮，整天坐在竹床上不能下来，看了怪可怜的。六儿，我怎么说好，你明白，你临终时也和母亲谈过，这孩子是只可以养着玩儿的，他左挨右挨到去年春天，到底没有挨过去。

　　1928年底，武仲谦生了第六个孩子。孩子出世不久，她的肺病变得严重，天天发烧，身体疲惫不堪，打不起精神。她以为从南方来时染的疟疾，不怎么放在心上。武仲谦的心中装着孩子和丈夫，唯独没有她自己。为了不打搅丈夫，不影响操持家务，她瞒着丈夫，不把身体情况向他说。她实在支撑不住身体，躺在床上喘气都困难，一听见门被推开，响起丈夫的脚步，就赶紧坐起来，打起精神装作没有事的样子。天天在一起，病态的表现不会隐瞒多久，妻子不正常的反应，使朱自清感到奇怪，抽空带她去医院检查，医生发现她的肺烂了个大窟窿。

　　北京的西山是太行山的一条支脉，古时被称为太行山之首，也叫作小清凉山。它如同起舞的蛟龙，守护古老的北京。

　　西山是文人骚客的去处，清新的空气，对肺部病人是休养的好地方。医生与朱自清商量，劝武仲谦避开城市的闹腾，到西山静养一段，她不可能丢下家，抛下孩子们，又不愿浪费钱财。躺在床上，看着一件件家务需要做，武仲谦左右为难。一天天拖下去，病情越来越严重，实在不能这样下去，她下定决心，带着孩子回老家扬州。人世间的事情无法预料，这一别竟是夫妻的永诀。

　　1929年11月26日，武仲谦带着孩子，拖着病身体，不顾旅途的劳累，回到日思夜想的故乡。思念丈夫的痛苦，并不比病魔缠身差多少，看着年幼的孩子，她的心情难以平静。武仲谦回到扬州仅一个月，被疾病夺走生命，抛下丈夫和六个孩子，年仅32岁。

　　接到从老家传来的噩耗，朱自清不相信自己的耳朵，仿佛听别人家的事情。铺天盖地的悲痛，将他吞没掉。欲哭不行，欲喊又喊不出，无泪的痛苦，天塌下来一般。朱自清无心收拾行装，要回家为妻子奔丧。人在校园身不由己，他开了几门课，进度已经过半，他想找几位帮着代课的老师，难以有合适的人选。工作和妻子，宛如两座大山压在肩头，对于他都是最重要的。朱自清只能在北京，

付大伟 作

朱自清的妻子武仲谦

通过时空传递怀念之情，祭奠妻子的在天之灵。

朱自清和武仲谦结婚 12 年，夫妻感情甚笃，她竟然不念感情，将他抛在人生的途中，一个人匆匆地诀别。从此以后，西院中不会出现妻子的身影，只有他一人形影相吊。

年幼的孩子们，不可能感受失去母爱的痛苦，人到中年的朱自清，陷入丧妻的悲痛难以自拔。再见不到妻子忙碌的身影，写作的时候，无人端茶侍候，听到嘘寒问暖的话语。朱自清走过西院的旧居，向院子里望去，过去的情景，一幕幕地浮现，去年一家人游万牲园的情景。

清明节后的一天，也是武仲谦的生日，朱自清回忆过去的生活，思念离世的妻子，一声长叹，悲从中来，写下一首怀念的诗：

> 名园去岁共春游，儿女酣嬉兴不休。
> 饲象弄猴劳往复，寻芳选胜与勾留。
> 今年身已成孤客，千里魂应忆旧俦。
> 三尺新坟何处是？西郊车马似川流。
> 世事纷拿新旧历，兹辰设悦忆年年。
> 浮生卅载忧销骨，幽室千秋梦化烟。
> 松樟春阴风里重，狐狸日暮陇头眠。
> 遥怜一昨清明节，稚子随人展墓田。

武仲谦不是出自大户人家，但从小未吃过苦，也是娇生惯养，父母的掌上明珠。一脸天真的笑，无忧无虑是她少女时代的标志。她嫁给朱自清，做了妻子和母亲之后，很快地进入新的角色，任性和娇气消失干净，一心一意地扑在孩子和丈夫身上。

武仲谦是个难得的贤妻，她遵循古训，"嫁鸡随鸡，嫁狗随狗"，除了抚养孩子，最让她关心的是丈夫。刚结婚时，朱自清在北大读书，

付大伟 作

由于手头拮据，她变卖陪嫁的金镯子，给丈夫做补贴的学费。朱自清每次回学校，都要送到大门口，望着丈夫的背影消失，久久才肯回头。后来她跟随丈夫身边，有客人或学生来访，她从不在一边插嘴，多说一句话。将客人迎进家中，端上沏好的茶水，尽了主人的礼节，躲在一旁做针线活儿。朱自清是读书人，书对于他比什么都重要，作为老师必须不断地学习，补充新的知识，才能教授给学生。一家老小躲避兵乱的时候，她舍不得丢下书，随身带着一箱箱的书逃命。

为了丈夫，妻子还是受了不少冤枉气。朱自清母亲是喜爱这个媳妇的，但她毕竟是没有读过书的旧式妇女，见识浅又口无遮拦。她把家庭的败落归咎于媳妇的爱笑，吓得媳妇禁喏寒蝉，而且她把嘴边，四处张扬，弄得媳妇无地自容。她耳根拨弄，担心有朝一日媳妇会爬到自己头上，而对朱自清从扬州八中辞职出走，婆婆又怀疑是受了她的挑唆。那时，钟谦的父亲已经继娶，继母待她不好，家中如同冰窖一样，可是为了孩子，为了丈夫，钟谦忍气吞声，在冰窖子里足足住了三个月。[1]

不管情况怎样，日子如何难熬，武仲谦独自忍受，泪水吞进肚子里，从不在朱自清面前发牢骚，无端地添一些烦恼。她默默地奉献，不求任何回报。

想起过去的生活，朱自清心里难过。孩子们失去了母爱，天气转换，再也没有母亲的问寒问暖，对他们的疼爱呵护。朱自清一度消沉，失去生活和感情上的伴侣，天塌地陷般的绝望。宋代大诗人苏轼，在思念亡妻时，为她所作的《江城子》，与朱自清有相似的

---

[1] 姜建著：《朱自清》，第129页，南京：江苏人民出版社，2013年版。

情感：

> 十年生死两茫茫，不思量，自难忘。千里孤坟，无处话凄凉。纵使相逢应不识，尘满面，鬓如霜。
>
> 夜来幽梦忽还乡。小轩窗，正梳妆。相顾无言，惟有泪千行。料得年年肠断处：明月夜，短松冈。①

苏轼的两茫茫，说出自己的真实情感，虽然妻子的坟在千里之外，但凄凉渗尽生命中。即使已经分离十年，还是克制不住自己，不去思念她。苏轼和朱自清丧妻的经历，对他们的人生打击，难以用几句诗文表达。

武仲谦生下孩子几个月后，她的肺病就重起来。朱自清劝她不要过多地接触孩子，有老妈子照管，放下心就行。孩子是母亲身上掉下的肉，况且刚出生不久，那嗷嗷的哭声，等待母亲的爱抚和乳汁的哺育。武仲谦不会眼看着小生命的哭闹，为了保全自己，不管不顾。她忍不住抱一会儿，不让孩子哭。

武仲谦从未感到自己是个病人，照常操持家中事务。她瘦弱的身体，竟然有那么多的力量，一天很少闲着。朱自清形容当时妻子的样子，"干枯的笑容在黄蜡般的脸上"，"干枯"，失去水分的意思，它和"笑容"组合一起，不仅对比鲜明，而且交织成复杂的情感折磨着朱自清。爱笑的妻子，不似过去笑得清纯，这个笑缺少生命的汁水。面对这样的情状，他将悲伤藏在心中，尽量说些暖心的话。

母亲的爱是伟大的，毫无条件要求回报。从打小儿开始，武仲谦自己喂奶，接后出生的四个都这样。年轻时没有养育的经验，不

---

① 苏轼著：《苏轼词》，第46页，北京：人民文学出版社，2005年版。

知道喂奶有钟点，后来知道了，又把握不准。孩子半夜饿了，哭闹中将她惊醒，闷热的夏季。人睡不好容易疲惫，武仲谦夜里照顾孩子，白天打不起精神，老似睡不醒的样子。白天她是大忙人，家中的主要劳力，一天做三顿饭，同时照料孩子，很少得空休息。

武仲谦是江南女子，身子瘦弱而不是强壮，婚后一连生下4个孩子。几个小生命，需要一个个看护，几年这样度过。生第5个孩子，武仲谦实在支持不住，自己奶水不足，依靠喂奶粉，无多余的钱雇老妈子照管她。


十六年初，和你到北京来，将迈儿，转子留在家里；三年多还不能去接他们，可真把你惦记苦了。你并不常提，我却明白。你后来说你的病就是惦记出来的；那个自然也有份儿，不过大半还是养育孩子累的。你的短短的十二年结婚生活，有十一年耗费在孩子们身上；而你一点不厌倦，有多少力量用多少，一直到自己毁灭为止。你对孩子一般儿爱，不问男的女的，大的小的。也不想到什么"养儿防老，积谷防饥"，只拼命的（原文如此）爱去。你对于教育老实说有些外行，孩子们只要吃得好玩得好就成了。这也难怪你，你自己便是这样长大的。况且孩子们原都还小，吃和玩本来也要紧的。你病重的时候最放不下的还是孩子。病的（原文如此）只剩皮包着骨头了，总不信自己不会好；老说："我死了，这一大群孩子可苦了。"后来说送你回家，你想着可以看见迈儿和转子，也愿意；你万不想到会一走不返的。我送车的时候，你忍不住哭了，说："还不知能不能再见？"可怜，你的心我知道，你满想着好好儿带着六个孩子回来见我的。谦，你那时一定这样想，一定的。

武仲谦家中的顶梁柱，她除了照看孩子外，还要扶持丈夫。家不算多么富裕，充满爱的温暖，是她生命的一切。

朱自清婚后，第一年他在北京，武仲谦不能带身边，只好留在家中。老人在一次来信说，儿媳妇有外心，常往娘家跑。朱自清认为嫁过来，就成朱家的人，读信后他很生气。带着气写了一封，信中责怪妻子，武仲谦请人代写回信，说家中有事回去。朱自清读信更加生气，觉得妻子有二心，不真心实意地维护家，从此不再往家写信。放暑假的时候，朱自清带了一肚子气回去，见到久别的妻子，看到她一脸清纯的笑，攒足的气消失。

朱自清工作安稳下来，他将妻子带在身边，有了自己的小家庭。

武仲谦虽不是阔小姐出身，在家中却是掌上明珠，什么活儿都不会干。婚后她的身份变化，里里外外的事务由自己操持，做起家庭主妇。朱自清回忆中，"菜照例满是你做，可是吃的都是我们；你至多夹上两三筷子就算了。你的菜做得不坏，有一位老在行大大地夸奖过你。"武仲谦里外一把手，夏天朱自清的绸大褂，洗起来特别的困难，她耐心地洗从不喊累。武仲谦一天到晚闲不住。前几次坐"月子"，按照老习惯在床上待一个月，否则其间不注意，弄一身病不好治。她休息四五天，然后下地干活儿，说是看着家里弄得太乱。

在浙江住的时候，一家人逃过两回兵难，朱自清身在北平。危难之时，武仲谦拖家带口，领着母亲和孩子们，整天东藏西躲，不知走多少路，历尽艰难困苦。这么重的责任，靠武仲谦自己拿主意，逃难不是旅游观光，一个"逃"字，让人心神不安。除了带老小一家人，她知道朱自清嗜书如命，所以也带着他的一箱箱书。

从对书的热爱，看出武仲谦对丈夫的情感。第一回带的书，武仲谦让父亲的男佣，从家乡捎到上海一部分。男佣不理解，兵荒马乱的时候，带着沉甸甸的书走，说了几句闲话，她觉得话不好听，忍不住在父亲面前大哭一场。到了第二回，剩下的书随身带着逃难，命都难以保证，还弄这些东西，别人都说她傻。武仲谦只有一个念头，"没有书怎么教书？况且他又爱这个玩意儿。"朱自清心中明白，其实妻子不知道，这些书不珍贵，即使丢掉也不可惜，她的举动，还是让朱自清感激。

> 这十二年里你为我吃的苦真不少，可是没有过几天好日子。我们在一起住，算来也还不到五个年头。无论日子怎么坏，无论是离是合，你从来没对我发过脾气，连一句怨言也没有。——别说怨我，就是怨命也没有过。老实说，我的脾气可不大好，迁怒的事儿有的是。那些时候你往往抽噎着流眼泪，从不回嘴，也不号啕。不过我也只信得过你一个人，有些话我只和你一个人说，因为世界上只你一个人真关心我，真同情我。你不但为我吃苦，更为我分苦；我之有我现在的精神，大半是你给我培养着的。

1930 年夏天，朱自清回老家给妻子上坟。她的坟在祖父母的下边，亲人相伴不会孤单。"只是当年祖父母的坟太小了，你正睡在圹底下。这叫作'抗圹'，在生人看来是不安心的；等着想办法呢。"坟地长满野草，清晨的露珠，打湿朱自清的布鞋。妻子下葬半年多，只有坟下多出一些土，看不出是一座新坟。

朱自清面对妻子的坟，如今生死两茫茫，坐在她的面前，诉说心中的思念。阳光投在坟上，那一朵金色的光，如同她温暖的灵魂。他抚摸露珠染湿的坟土，仿佛触摸到妻子的身体，情不自禁地发出，我来了钟谦。朱自清对妻子说，一定尽心爱护他们，对得起她："谦，好好儿放心安睡吧，你。"五个孩子都生活得好，他们想念母亲。

## 第二卷　情缘回想

朱自清在清华的一张照片，表现他当时的精神面貌。头发梳得光滑，中分的发型，无一丝杂乱。圆镜片后的眼睛，流露出恬静的目光，透出自信的坚定，紧闭的双唇，凸显内心的强大。

# 初到清华的日子

朱自清在清华的一张照片，表现他的精神面貌。头发梳得光滑，中分的发型无一丝杂乱。圆镜片后的眼睛，流露出恬静的目光，透出自信的坚定，紧闭的双唇，凸显内心的强大。连绵的阴雨下个不停，窗外的雨滴声，扑进我居住的斗室中。看着朱自清在清华园拍的照片，记录当时他的状态。

我寻着朱自清的目光，追随他的文字，走进他初来清华的景象。

离开北京五年，想不到如今又回来了。从前在北大读书，他很少外出游玩，活动的范围小。上学四年中，他寻访历史，游过几次西山，从未去过清华园。因为交通不便利，懒得花费时间，一说起清华觉得距离很远。

1925 年 8 月，朱自清一家人留在白马湖，独身来到清华学校。刚从南方来到北平，他在朝阳门边，借住一个朋友家。那时的教务长是张仲述，朱自清和他未见过面，只是写信给他，约定第三天上午登门拜访。

朱自清做事认真，不马虎大意，他详细地询问朋友，从朝阳门到清华的路线，估计 10 点钟出发，时间能够用吗？朋友对这条路不熟悉，建议他早起动身，有多余的时间。雇一辆洋车奔西直门换车，电车要等一会，以免贻误大事。

　　生活中的事情，不是预想的那么顺利，第三天，不知什么原因，朱自清起得晚一些，走出朋友的家，已经9点多。他对自己的行动不满。车夫不懂得他的心情，似乎不卖力气，走得特别慢。好不容易来到西直门换车，车夫告诉他说，原本有条小路，雨后积水现在不能通行，只得绕开，走远一些的正道。刚出城一段，朱自清认识周围的环境，这是去万牲园的路，以后他辨不出东南西北。他坐在车子上，心急得提到嗓子眼，来到了黄庄的时候，望着街道两边的屋子，以为是海淀了。他想离清华不会太远，如果路上不耽误，也快到地方，他安慰自己。

　　这么一段路程，出现意想不到的插曲，车夫说肚子饿，身上没有力气，必须买点东西吃。事已如此，不能让人家空肚子卖力气，这一小吃，花费十来分钟。

　　一路上无什么可看，远处隐约的西山，起伏的山脉，卧伏在天际。好不容易过了红桥、喇嘛庙、望见两行官柳，柳树密集，形成绿荫的夹道。路上行人稀少，只有朱自清坐的一辆车，柳树前有一个牌子，上面写"入校车马缓行"，让他的心情放松，终于到了地方。这是一段引路，距离大门还够远的，朱自清无奈地说："不用说西院门又骗了我一次，又是六七分钟，才真真到了。"

　　朱自清坐在张仲述家的客厅，他看了一眼钟，差15分12点。

　　张仲述住在乙所，得穿过那片长林碧草，浓绿欲滴，树木的清香醉人。张家的客厅充满文化气息，墙上挂着有正书局印的邓完白隶书长联，朱自清品味对联的时候，张仲述走出来。他比朱自清长得高大，脸型比他长，看出是个精明能干的人。朱自清急忙起身，不好意思地道歉，说明来晚的原因。张仲述热情地寒暄，向他解释说，自己刚好有个约会，不能留他吃午饭。两个人谈了一会，12点一过，朱自清主动告辞。他回到大门口，来时坐的车还在，和车夫算老相识，

1925年，和友人在清华园，右二为朱自清。

在北大期间，左二为朱自清。

坐他的车回城里吃午饭。

一两天以后，朱自清知道到清华的路线，他从朋友家出来，带着行李坐火车，不想和上次一样，花费那么大的力气。从环城铁路朝阳门站上车，不必坐人力车，时间浪费路途中。

朱自清到清华以后，来往于城内城外的机会多了，尝试各种走法，对比各条线路，那个合适省力。最捷径的办法，西直门坐一辆洋车，一路不急不躁，观赏沿路的景象，不觉间回到清华园。朱自清在香山的车站，坐过一两次汽车，所谓的现代化交通工具，真够麻烦的。车子空间窄小，两条腿别在那里伸不开，简直无处可放。

有一次，朱自清在海淀下车，西园后面有一个小饭馆。他选了临街的一张方桌，坐在长条凳上，要一碟苜蓿肉、两张家常饼、二两白玫瑰，一边吃着小菜，品着美酒，一边欣赏窗外的街景。

> 我们有自古流传的两句话：一是"衣食足则知荣辱"，见于《管子·牧民》篇，一是"民以食为天"，是汉朝郦食其说的。这些都是从实际政治上认出了民食的基本性，也就是说从人民方面看，吃饭第一。另一方面，告子说，"食色，性也"，是从人生哲学上肯定了食是生活的两大基本要求之一。《礼记·礼运》篇也说到"饮食男女，人之大欲存焉"，这更明白。照后面这两句话，吃饭和性欲是同等重要的，可是照这两句话里的次序，"食"或"饮食"都在前头，所以还是吃饭第一。

朱自清在清华园举目无亲，心里十分寂寞，只身住进古月堂。它和在江南不同，听到妻儿的呼吸声，晚上睡眠极好，一觉到天亮。来到北平之后，睡眼变得不安稳，夜里有时做梦。早晨醒来，做的什么梦记不住。酒使人伤感，想起南方的日子，他在方桌上，写了一首《我的南方》，流露内心的苦闷与彷徨：

> 我的南方，
> 我的南方，
> 那儿是山乡水乡！
> 那儿是醉乡梦乡！
> 五年来的彷徨，
> 羽毛般的飞扬！

清华园坐落北京的西郊，出了西直门，踏上一条长路。路两边的风景不断变化，必须经过几个步军统领衙门的"堆子"，清道夫在路上洒黄土，然后泼上清水。两边的路铺着青石，给大敞车设置的专路。路边的垂杨柳长得高大，蓬开的丫杈，柳枝上在春天一片鹅黄。秋天是最美的季节，柳丝拂动，飘出一阵阵的蝉鸣。

海淀是不大的乡镇，走过"仁和酒店"，空气中弥漫菜和酒香，不远处有小石桥。从这里往左转，走过去是颐和园，向右转经过圆明园遗址，前面是清华园了。清华园的原址，为清康熙年间所建的熙春园的一部分。清道光年间，熙春园分成两个园子，西端的叫"近春园"，"熙春园"在东边。咸丰登基以后，将"熙春园"更名为"清华园"。大门上的"清华园"，是大学士那桐所题。清华教授振铺先生的长女，虞佩曹年回忆30年代在清华园度过童年的情景说：

> 当时的清华校门就是写有"清华园"的大门，围墙从门的两侧向东及西包抄。门前一条小河，河上有桥。常有许多农村的人在桥下洗衣服。校门外东面有几棵槐树，树阴下有个长青苔的老喷泉，是进城的交通车上下车处。西面两棵大，树中间常排着几辆"洋车"，等人们雇用。我

们上学就要出南院西门，过桥，进校门，绕过校门内西边的校警队营房往西走。小时候这好像是一条相当长的路。校门内东首是邮局，它后面有合作社及发电厂。①

清华园保存一些传统的园林，工字厅后面有一片荷花池，在这儿散步，小风吹动荷叶，飘来清香气，在岸边的林荫中走动，另有一番韵致。"塘坳有亭翼然，旁有巨钟为报时之用。"厅后面的匾额上，镌有"水木清华"，又有长联一副："槛外山光，历春夏秋冬，万千变幻，都非凡境；窗中云影，任东西南北，去来澹荡，洵是仙居。"这是祁嶲藻所书，朱自清喜欢这幅字，经常来品味消磨黄昏。

西园的杂草未除，一片漫散的芦蒿，不无凄凉之感，登上土山向西望，圆明园的断垣残石扑进视野。高远的天空下，绵远起伏的大地，圆明园尽现历史的沧桑。

朱自清抛家舍业，独自到北京淘生活，南北不一样的气候，不同的饮食文化，对于他不重要。关键是挂在心头的家，牵扯漂泊的心。夜晚清华园一片安静，虫鸣声扯出不尽的思念，他从小生活在南方，那里有他的家人、亲朋和故友。那片土地上，他经受过人生的悲欢离合，是洒过青春和理想的地方。

10月的一天，朱自清接到父亲的来信，信中说："我身体平安，惟膀子疼痛厉害，举箸提笔，诸多不便，大约大去之期不远矣。"父亲一身的傲气消失，文字中透出伤感。一直认为父亲年轻，身体强壮，从未想过岁月不饶人。自己如今都是几个孩子的父亲，未考虑过老人的心情。

夜晚面对空荡的屋子，倾诉的人没有，不禁悲从中来。一个中

---

① 虞佩曹著：《水木年华——童年的回忆》，原载《永远的清华园》，第60页，北京：清华大学出版社，2013年版。

年男人的泪，每一滴含着的情感，沉重地压在心间。回忆童年时，想到父亲对自己的疼爱。8 年前，料理完祖母的丧事，父子俩同车北上，在浦口车站告别的场面，清晰得恍如昨日。父亲为了给自己买橘子，蹒跚地穿走过铁道，两手攀上站台。肥胖的身子，穿着青布棉袍、黑布马褂的背影。

朱自清怀着思念之情，忍受内心的强烈冲动，含着泪水伏案，真情地写出《背影》。朴实的情感，叙写父子俩的别离之情，父亲的言举，儿子一生不会忘记。笔尖流出的文字，夹带无限的思念，写出真实的父亲。

# 月光下的荷塘

　　丰子恺画过一幅《荷》，画面简洁，一株荷花，孤独地跃出水面。几根线条支撑起一朵花盘。一只蜻蜓飞近花盘，被它的香气引来，或是被花的艳丽迷住。

　　1927年7月，朱自清为荷写下一篇文章。那几天他的心中不安静，北方干燥的夏天，黏稠地粘附身上无法排泄掉。晚上比白天稍好，人们不愿待在屋子里，享受刮来的凉风，在院子里纳凉。摇动芭蕉扇，轰走扑飞的蚊子。皎洁的月光洒满庭院，淡淡的清辉，有了浪漫的诗意。朱自清想起经过的荷塘，满月的光照下，应该有另一番模样。月亮映在荷塘的水中，荷花、月亮和水构出画面。月亮悬挂空中，院墙外马路上，少了孩子们玩耍的笑语声，妻子在屋里拍着闰儿，哄孩子睡觉，传出哼唱的歌谣。恬美的夜晚，朱自清不想孤坐院中，披上大衫，关好院门出去散步。

　　月亮这个意象本身就具有使人情绪悲哀，并由此联想到寂寞、孤独等消极情绪的审美功能。尽管朱自清刻意描写淡月的意象特征，他在散文中所描写的月虽然是圆的、满的以及皎洁的，但明显缺少那种圆满、明朗的特质，以

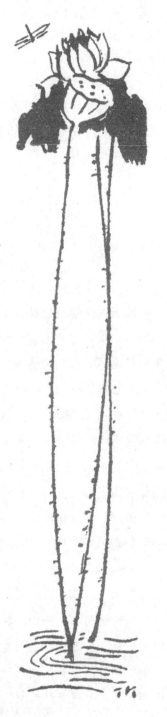

《荷》 丰子恺 作

及那种由此而产生的欢悦、幸福之情，相反，其渲染的是一种淡淡的忧愁和感伤的气氛。在朱自清的散文中，淡月之下的景物往往最富灵性，最具诗意，其心灵也处于最为畅快、恬静的饱和状态，但这又意味着其情绪开始滑向感伤、低落的深渊。这种看似矛盾的行文方式和情感逻辑，恰好是朱自清内心忧伤、愁闷、矛盾、期待等情感搏斗所特别需要并与之相契合的，也是这种情感搏斗的生动呈现。①

踩着皎洁的月光，沿着荷塘边，走上一条弯曲的煤屑小路。这条路寻常安静，只有鸣叫的鸟声、飞来飞去的蜻蜓，白天来往的人很少，夜晚虫声四起，衬出这里的幽静。荷塘的周围，长着很多的树，树木茂盛，绿荫遮天盖地。大多是一些杨柳，也有不知名字的树夹杂其间。如果夜里没有月光，小路上布满阴森的气息，偶尔有惊飞的夜鸟，扑棱的翅膀，打得树枝一阵乱响，让夜行人有些害怕。

煤屑小路走上去，发出沙沙的响声，朱自清被夜色诱惑有了冲动，倒背双手在月色下赏荷。每天路过荷塘，哪一棵树的形状、长在什么位置都清楚。"这一片天地好像是我的；我也像超出了平常的自己，到了另一个世界里。"他喜爱家庭的热闹，妻儿在身边的温暖，看孩子们玩耍。他坐在桌子前，铺开一摞纸，写出自己的情感。或者泡一杯清茶，伴着窗外的鸟叫，读一本喜欢的书。

一个人沐浴月光下，卸下伪装面具，面对大自然，情感任意流淌，思绪随意飘飞，恢复人的本性。水中的荷花，塘边的树木，草丛中鸣叫的小动物，呈现原始的自然美。在这片地方，烦恼和不快乐，随着吹来的小风飘散。只身荷塘边，欣赏荷花月色。

①　周纪焕著：《"圆月"下的忧伤——谈朱自清散文的淡月意蕴》，原载《名作欣赏》，2007 年 6 期。

花梗顶端，托举荷叶在水面上，肥厚的叶子中间，点缀着白花。有的热情绽放，有的羞涩地打着花骨朵。夜晚的微风拂过，吹来一缕缕的清香。荷叶一片片挤满水塘，经风的一吹，划出一道凝碧的波浪。荷叶下的水，浮着一些绿藻，小品似的水生物，衬托叶子更见风情。

1930年，季羡林考入清华大学西洋文学系，他的专业方向是德文。他师从吴宓、叶公超学东西诗比较，并选修陈寅恪的佛经翻译文学、朱光潜的文艺心理学、俞平伯的唐宋诗词、朱自清的陶渊明诗。严格来讲他也是朱自清的学生。季羡林和他学陶渊明的诗，自然受老师的影响，他对荷花情有独钟，记录花的细微变化：

但是，到了第三年，却忽然出了奇迹。有一天，我忽然发现，在我投莲子的地方长出了几个圆圆的绿叶，虽然颜色极惹人喜爱，但是却细弱单薄，可怜兮兮地平卧在水面上，像水浮莲的叶子一样。而且最初只长出了五六个叶片。我总嫌这有点太少，总希望多长出几片来。于是，我盼星星，盼月亮，天天到池塘边上去观望。有校外的农民来捞水草，我总请求他们手下留情，不要碰断叶片。但是经过了漫漫的长夏，凄清的秋天又降临人间，池塘里浮动的仍然只是孤零零的那五六个叶片。对我来说，这又是一个虽微有希望但究竟仍是令人灰心的一年。

真正的奇迹出现在第四年上。严冬一过，池塘里又溢满了春水。到了一般荷花长叶的时候，在去年飘浮的五六个叶片的地方，一夜之间，突然长出了一大片绿叶，而且看来荷花在严冬的冰下并没有停止行动，因为在离开原有五六个叶片的那块基地比较远的池塘中心，也长出了叶片。叶片扩张的速度，扩张范围的扩大，都是惊人地快。几天

20 世纪 20 年代的朱自清

之内，池塘内不小一部分，已经全为绿叶所覆盖。而且原来平卧在水面上的像是水浮莲一样的叶片，不知道是从哪里聚集来了力量，有一些竟然跃出水面，长成了亭亭的荷叶。原来我心中还迟迟疑疑，怕池中长的是水浮莲，而不是真正的荷花。这样一来，我心中的疑云一扫而光；池塘中生长的真正是洪湖莲花的子孙了。我心中狂喜，这几年总算是没有白等。

　　天地萌生万物，对包括人在内的动、植物等有生命的东西，总是赋予一种极其惊人的求生存的力量和极其惊人的扩展蔓延的力量，这种力量大到无法抗御。只要你肯费力来观察一下，就必然会承认这一点。现在摆在我面前的就是我楼前池塘里的荷花。自从几个勇敢的叶片跃出水面以后，许多叶片接踵而至。一夜之间，就出来了几十枝，而且迅速地扩散、蔓延。不到十几天的工夫，荷叶已经蔓延得遮蔽了半个池塘。从我撒种的地方出发，向东西南北四面扩展。我无法知道，荷花是怎样在深水中淤泥里走动。反正从露出水面的荷叶来看，每天至少要走半尺的距离，才能形成眼前的这个局面。[①]

　　季羡林的老师，在如水的月光下，望着清光倾泻荷花上。淡雾在荷塘升起，梦似的拖着轻纱。偶尔能听到水珠从叶子上滑落水中，发出清脆的声音，这一声响敲打心间。一个满月的夜，淡淡的云雾，时而遮住，时而露出，阴晴圆缺让人有了伤感。月光透过枝叶筛落，斑驳的碎影投洒小路上。丛生的灌木，映出的剪影洒落荷叶上。

---

[①]　季羡林著：《清塘荷韵》，原载《季羡林散文精选》，第191～194页，武汉：长江文艺出版社，2009年版。

荷塘的四周，高低延伸的杂树林，以杨柳居多。它们一层层地围住荷塘，旁边的小路有几处空地，盛满皎白的月光。"树色一例是阴阴的，乍看像一团烟雾；但杨柳的丰姿，便在烟雾里也辨得出。"树的枝头上是一带隐约的远山，锯齿形地嵌在天边。几滴从树缝漏下的路灯光，显得无精打采的样子。此时的荷塘是蛙的世界，它们或者独唱，或者齐声合唱。树上的蝉声不甘落后，它与水里的蛙声摽劲，比试自己的嗓音。

朱自清在荷塘边散步，夜色中的荷花，让他想起采莲时的景象。江南有采莲的旧俗，这是从古时传下来的风俗，到了六朝时为盛，从古人的诗歌里，欣赏当时的情景。采莲的大多是少年的女子，她们摇荡一只小船，唱着江南小调。那是美好的季节，"也是一个风流的季节"。在他读过的诗赋中，南朝皇帝萧绎的《采莲赋》，表现六朝时的少男少女，充满情趣的生活值得品味：

于是妖童媛女，荡舟心话：鹢首徐回，兼传羽杯；棹将移而藻挂，船欲动而萍开。尔其纤腰束素，迁延顾步；夏始春余，叶嫩花初，恐沾裳而浅笑，畏倾船而敛裾。

诗中有画，画中有诗，有趣的事情见不到了，朱自清发出一声叹息，面对荷塘无可奈何。1927年，朱自清29岁，未到而立之年，已经是几个孩子的父亲，生活的磨难，没有将浪漫打磨干净。在荷塘月色下漫步，和荷花"风流"一次。

荷花的艳美，勾起朱自清读过的《西洲曲》中的句子：

采莲南塘秋，莲花过人头；低头弄莲子，莲子清如水。

莲子味微苦，在这里变成为象征的符号，道出心灵深处的痛苦。

从家门出来，踩着月光来到塘边赏荷，只是一个行走的过程，其实是一次心路的历程，寻找生命的激情。

其实，在中国的文化传统中，自古以来就有一股将人与自然紧紧联系在一起的力量。中国文化的精深之处，便在于人与自然不再是一般的泛泛的依存关系，而往往是一种心灵相通、气息相通的天人合一的关系。因此，我们在考察《荷塘月色》一文时，绝不能只看到朱自清先生"淡淡的忧伤"与"淡淡的哀愁"的苦闷与彷徨的情绪，而应该进一步考虑处于困惑中的朱自清为何选中了"荷"与"月"这两种独特的、富于中国文化传统底蕴的意象，在其思想内心深处所蕴含了怎样的情志？答案是十分明白的，朱自清正是借用"荷"与"月"这两个在古典诗文中常常出现的具有特定内涵的意象来表达自己的人生追求、人生理想。朱自清之所以采用这种借景抒情、托物言志的手法创作此文，笔者认为有两个方面的因素值得注意：一方面，大革命失败后，蒋介石政府对文化的一系列高压政策，对文学出版物的种种检查制度，使得许多作家不能直抒胸臆，只能以曲笔的形式来传情达意，或以古讽今、借古喻今，或借景抒情、托物言志，或流连在山水花木之间，从对自然的体悟中去感受个体生命的意义，借山水以解忧，藉花木以怡情。[1]

朱自清遗憾，这么好的月光下，不见唱着歌谣的采莲人，"这

---

[1] 邓海著：《借景抒情 托物言志——谈朱自清〈荷塘月色〉》，原载《黔南民族师范学院学报》，2004 年第 5 期。

儿的莲花也算得'过人头'了；只不见一些流水的影子，是不行的。"
朱自清想念江南，不知不觉间，走在回家的路上。突然一抬头，看
到的不是采莲的船，而是自己的家门。

　　朱自清轻轻推门进去，免得发出的响声惊动睡梦中的家人。什
么声息也没有，妻儿睡熟好久了。

# 北平沦陷那一天

1937年7月8日，北平西南郊宛平一带传来激烈的炮声，清华园变得不安静。

此时，清华大学正值暑假，学生或在外实习，有的在西郊夏令营搞军事演习，留校的学生不多，但教职员工大都在校内。枪炮声的包围中，清华师生抢运尚未搬走的仪器图书，收拾家当准备逃难。一时间箱笼堆积，车辆穿梭，鸡飞狗走，人声鼎沸，清华园失去往日的安谧。

1937年7月27日，下午的时候，外面的风声紧，战势不断交替传来。朱自清是教书先生，面对这样的局势，他无可奈何。顾不上多想，带着家人匆忙离校躲进城中，借住到了西单牌楼附近弓弦胡同的朋友家。朋友全家回南方，家中比较清静，只有他的一位同乡和仆人居住。他们一家刚进城，便关闭城门。街上不似往日，情景有点乱，从关门的店铺、行走的脚步，看出人的心情。大街上传言四起，听说敌人下了最后的通牒，限北平当局28日答复，实际上不用说，人们心中明白，这是叫投降不可。不然的话，28日开始攻打。城市的命运拴在当局的手中，人们猜不透他们的意思，从各种迹象看出，守城一战，不可避免地将要发生。

凡是"老北平"都晓得故都从前最热闹的街市，要算"东单西四鼓楼前"，即东单牌楼、西四牌楼、鼓楼大街、前门大街的简称。但事变前些年，西四、东单的市面并无起色，鼓楼也沦为了古迹，只有新兴的西单牌楼，像十里洋场似的，日益繁盛起来。尤其是西单商场落成后，俨然有同东城王府井大街对抗的神气。从西长安街口，一直到甘石桥，白天车水马龙，乡下人进城，若转到这里，简直要头昏目眩，手足无措。即便是西单商场遭火灾后，残余的部分仍令人低回留恋，丝毫无损那条街市的繁华景象。然而28日清晨的西长安街"只剩下两条电车轨在闪闪发光"。①

28日这一天，屋子里的空气凝固一般，一家人很少说话，紧张的情绪几乎爆炸。朱自清躺床上，心却在外面，他听见隆隆炮声，想可能轰炸西苑兵营。

朱自清赶紧起来，走出暂时的住处，去买当天的报纸。胡同口对着西长安街，一条从西城到东城的电车道通过，现在不见往日奔跑的电车的影子，"只剩两条电车轨在闪闪发光"。街上半天看不到一辆洋车，来往的行人稀少，那么长一条曾经繁华的街，此时显得空荡荡。胡同口看不到闲聊的人，听不到串街小商贩的吆喝声。人行道上站着不少表情焦虑的人，东瞧瞧，西望望，六神无主，都不说话，等待确切的消息。朱自清望到街道中间，站着穿制服的警察，一脸阴沉不说话。骑车的警察，手扶脚踏车，另一个附在他的耳边，

---

① 袁一丹著：《北平沦陷的瞬间——从"水平轴"的视野》，原载《文化研究》第17辑（2013年·冬），第66页，北京：社会科学文献出版社，2014年版。

说了几句话，接着匆忙骑车走了。

> 所谓历史，实质上是个人记忆和集体记忆的集成。集体记忆，关涉人们的共同命运，内容包括大大小小的事件、人物、场景，以及由此构成的社会场域与时代氛围，但是，记忆的主体仍然是个人。有三种记忆模式：实录记忆，认识记忆，批评记忆。其中，实录无疑是第一重要的，就是说，必须最先把真实呈现出来。自然、建筑、文物、视像等等都可以成为记忆的实证；但是，最常见的载体，还是被赋予了确定意义的文字和声音。[①]

作家林贤治认为，真实是历史的最重要的底线。北平沦陷的那一天，朱自清在场，他耳朵听到的声音，眼睛看到的情景，构成个人的历史记忆。他从报纸上的文字读出，当局决定打了。

朱自清无心读报，挑选黑色的大标题，略看了一下内容，急忙地赶回住的地方。他的情绪不稳定，有说不清的感觉。耳边响着零星的爆炸声，午饭吃得无滋味，吃的什么不知道。大门口外不断地响起叫卖："号外！号外！"家里人买回来的报纸，他急忙抢过来看。前几天的报纸上说，部队抢回来丰台，夺回天津老站，后来又说收复廊坊，最后说打进通州。这一天的下午，电话铃不停地响。不时有朋友报告新消息，也有的来电话，打听战事发展的情况。消息来自各种渠道，从地方政府有关系传出，有的是外交界得来，大多和"号外"中说得差不多。朱自清听着各种信息，心中非常高兴，他一边看号外，接着打进来的电话，忙得腾不出手。

大约6点钟的样子，预想不到的事情发生，突然有一架飞机，

---

① 林贤治著：《夜听潮集》，第38页，桂林：漓江出版社，2015年版。

挟着轰鸣声在天空出现。人们冲到院子里，抬头向天上张望，想看清哪一方的飞机。飞机似庞然大物，一圈圈盘旋，然后撒下一摞摞的宣传单。薄薄的纸片儿，纷纷扬扬地四处乱飞。朱自清明白，敌人采取恐吓的手段，仗打得不顺利，派出飞机做心理攻势。朋友家的仆人，打开大门出去，跑到胡同里捡了两张回来，从宣传单上的文字，朱自清猜测得果然对。满纸的谎话，无耻的劝降条件，他瞧了几眼，愤怒地撕碎扬手扔掉。

天断黑的时候，白天稀疏的炮声变得密集。屋子里的电话铃，随着隆隆的炮声，不住闲地响起。电话中听到对方焦急的话语声，朋友们猜测，敌人在进攻西苑，还是在进攻南苑？炮声划过夜空，随后一阵剧烈的爆炸，大地为之震颤。大家分不清，哪一颗是自己人的炮弹，哪一颗是敌人打过来的。

一阵敲门声，屋里的人心提吊起来。警察挨家通知，"叫塞严了窗户跟门儿什么的，还得准备些土，拌上尿跟葱，说是夜里敌人的飞机许来放毒气。"朱自清不相信侵略者敢在古城北平放毒气，仆人们觉得预防重要，按照警察说的做，总不会有坏处。

朱自清守在电话机旁，焦急地等着外界的消息，熬到午夜12点，实在挺不住，随后倒下便睡。第二天的清晨，天刚放亮，电话铃急促地响起，朋友打来电话，告诉朱自清最新消息。

　　一个朋友用确定的口气说，宋哲元、秦德纯昨儿夜里都走了！北平的局面变了！就算归了敌人了！他说昨儿的好消息也不是全没影儿，可是说得太热闹些。他说我们现在像从天顶上摔下来了，可是别灰心！瞧昨儿个大家那么焦急地盼望胜利的消息，那么热烈的接受胜利的消息，可见北平的人心是不死的。只要人心不死，最后的胜利终久是咱们的！等着瞧罢，北平是不会平静下去的，总有那么一天，咱们会更热闹一下。那就是咱们得着决定的胜利的日子！这个日子不久就会到来的！我相信我的朋友的话句句都不错！

　　昨天夜里北平的守军，抵抗住敌人的进攻，现在却已经全部撤退，城外飘起日本侵略者的"膏药旗"。朱自清不相信自己的耳朵，他看了一眼耳机，狠狠地扣在机座上。清早传来的消息，让人心情跌落千丈。

　　7月28日，这是国难的日子，北平被日本侵略者攻占。得悉这一消息，朱自清顾不得多想，急忙地赶回学校，组织学生抓紧向城里撤退。日本侵略者的飞机，以胜利者的姿态，一圈圈地盘绕，不时地扔下炸弹。爆炸声掀起的气浪，摧毁古城的建筑，多少人倒在血泊之中。几天前，清冷的街道变成逃难的路，皇城根下的百姓，从平静的生活，跌入水深火热的日子，沦为侵略者的奴隶。

　　8月5日，朱自清和妻子返回清华园，这次搬家与以往不同，心情沉重。过去进出城，走过城墙的步子轻松，而今是在日军岗哨的刺刀下、残酷无情的目光监视下，以亡国奴的身份穿过城门，那滋味不好受，真是难以形容。

　　收拾好衣物书籍，拖家带着行李，回头望着身后的清华园，心中感慨万千。朱自清在这所学校生活12年。荷塘下的月色，居住的四合小院，青山秀水，一草一木，都那么熟悉，如今迫不得已，与这里的一切告别，他想，什么时候才能重返。

　　北平沦陷以后，国民政府下令，清华大学、北京大学和天津南开大学，在湖南长沙组合成临时大学。梅贻琦校长于9月中旬，先头去长沙筹备"临大"，他来电要朱自清速赴学校。作为老清华人，又是中层的领导，他的命运和清华紧紧相连，不可能分割。国难当头的日子，作为知识分子，有责任担当重任，国家、清华危难之际，不可能为了活命掉头离去。朱自清吞不下亡国奴这口气，不愿在膏药旗下生活。他毫不犹豫地决定，生死跟着学校走，不管流亡到什么地方。

9月22日，朱自清接到梅校长的电报，决定立刻动身。动乱的时期，自己的前途未卜，将妻儿留在敌占区。他身穿一件旧长衫，拎着上课用的旧皮包，装扮得和普通人无区别，混过日本兵的盘查。未遇到麻烦，顺利登上火车，离开古老的北平，告别心爱的清华园，开始流亡的生活。

# 蒙自琐记

朱自清在西南联大，在蒙自住过5个月，他的家住过两个月，离开那个地方经常想念。

蒙自位于云南省东南部、红河哈尼族彝族自治州中部，县城海拔1307米，距省会昆明289公里。蒙自的地名有两种说法，其一说源于西坝子边缘莲花山，彝语中称为"目滋白谟"，解释为"与天一样高的大山"，它的简称"目滋"，因为发音"目则"，翻译成汉语就是蒙自。其二认为它是蛮语的说法，意为山竹，也说是苗语的"苗族之家"。

蒙自是滇南的一座小城，处在群山密林当中，靠近越南边界，有一列小火车与锡都个旧连接。清末法国人看中这块地方，要求将它辟为通商口岸。中法战争以后，1889年，法国在此设立海关，随后多个国家设立机构。后来的滇越铁路未经过蒙自，它变得不那么重要，失去往日的辉煌，各国的机构开始撤走，小城一下子败落。

蒙自县城不大，"小得好，人少得好"。朱自清生活在大城市，突然来到这么小的地方，觉得什么都不习惯。人的适应能力强，不管多么荣华富贵，还是贫穷落后，生活一段时间，都能顽强地活下去。朱自清由不顺眼，到逐渐地觉得可以，甚至品出滋味。城里唯一的大街，走几次记得一清二楚，每个店铺的位置不会颠倒，书店、文具店、点心店和电筒店，闭上眼睛，可以找到门儿在哪儿。城外几处景点值得游玩一下，环境秀丽的南湖，湖中的嵩岛，另外有军山、三山公园，半天的时间，差不多玩一个遍。朱自清说过"小得好"，"小"字是指面积，它的内容不少，"好"字说明蒙自这个地方，也有值得炫耀之处。蒙自不管城里城外行人稀少，有时走路上，看不见一个行人。朱自清时常独自行走，不必担心有往来的车辆造成什么危险。山清水秀的地方，勾起他的怀念，他想起台州与白马湖的风光，在那两处生活的时候，也有这种安静。

街上有一家卖糖粥的铺子，捎带着卖煎粑粑。朱自清喜欢去这里，桌子、凳子、碟碗、筷子等餐具，洗得很干净，价格便宜，又不算太贵，对联大师生特别地关照。掌柜的姓雷，一头白发，他的老家是四川，平常的交谈中，不时夹杂家乡的口音。他脸上看不到忧愁，对每一个进店的客人，总是挂着微笑。这个外乡人，常年漂泊在外，有点自己的爱好，愿意弄一些古玩，每张桌子上，摆几件小竹器和瓷器。雷老板的家里，收藏着精品的好东西。偶尔兴致上来，特意拿来自己的宝贝，请顾客一同赏玩。

雷老板身边无什么亲人，他和老伴儿带一个伙计。每天门板一打开，就开始忙碌，门板一卸下，一天的活计结束，一天天生活着。时间久了，朱自清和雷老板熟悉，他们给铺子起了个响亮的名字，一说起"雷稀饭"，无人不知道。

小城里的民俗文化，吸引外来人的注意。居家的门对儿，从字中猜出这户人家的姓。朱自清去过很多的地方，见识多广，也有这么贴对子的，从来没有这里的多。朱自清散步时，一边走着，不时地猜字，增添很多的乐趣。由于时代的原因，现在最多的是抗战的门对儿，营造成战时的气氛。告诉街上行走的人，不忘记国仇家恨，显示抗战到底的决心。

蒙自的抗战宣传工作，一方面是党部的标语，同时教育局做出大量的工作，将一座旧戏台，临时改变为演讲台，每天沿街张贴油印的广播消息。这一切有益团结，万众一心抗战到底。在这种特殊的条件下，不多的经费，尽可能多做一些事，使人们感受到有希望的。他们又抽出人力，帮助北大的学生创办了一所民众夜校。人们踊跃的报名，由于教师和座位的原因，受到数量的限制，最后只招收了二百名学生。夜校办了两三个月，但学生学习认真，成绩上升相当可观。后来由于各种原因，蒙自的联大准备搬回昆明，夜校只得停办。

这不是编的笑话，笑中有些荒诞。朱自清的一位朋友，街上笑了一下，苍蝇趁张嘴的工夫，就有一个飞进去。蒙自地处偏僻，民众的卫生意识差，联大的学生搞了一次"灭蝇运动"。四五月间，蒙自山清水秀，但苍蝇真多。灭蝇运动开展之后，街上的许多卖食物的铺子，做了冷布罩子。样子简陋不好看，但这也是文明的进步。铺子的人，一见到朱自清和联大的学生说，"这是你们来了之后才有的呀。"既讲卫生，又防止疾病的活，还是深得民心的。

决定迁滇后，"临大"教师自由行动，学生则分两路于2月中旬出发，女生和体弱男生约八百人从长沙南粤汉、广九铁路到香港，再乘船到越南海防，从海防经滇越铁路到昆明。另一批健壮男生共二百四十四人组成湘黔滇旅行团，翻山涉水，徒步前往。闻一多、李继侗、曾昭抡、黄子坚、袁复礼等教授随学生一道步行。他们一路风餐露宿，历经艰难，行程三千五百里路，于两个多月后抵达昆明。

朱自清则和冯友兰、汤用彤、钱穆、陈岱孙、郑秉璧、罗皑岚等十余人结伴乘汽车从南岳出发经桂林、柳州、南宁、龙州出镇南关，坐火车到河内，再转滇越路到昆明，历时近一个月。因教师单独行动，又不必急着赶到学校上课，因而他们从从容容，一路走一路玩。在桂林，他们见到了冠绝天下的漓江山水，只是反顾自身的满面征尘和鬓边杂丝，遥想在乱中匆匆奔走的莘莘学子，未免要生出些别样的感受，朱自清在《漓江绝句》中记下他的感受：

招携南渡乱烽催，碌碌湘衡小住才。
谁分漓江清浅水，征人又照鬓丝来。

一路无事，只是在快到镇南关的时候，冯友兰不慎碰断了胳膊，朱自清和陈岱孙急忙把他送进河内医院，忙活了几天。3月14日，朱自清等人终于抵达昆明。

4月初，"临大"奉命改为国立西南联合大学，"联大"内部继续保留三校原建制。朱自清担任了"联大"文学院中文系主任兼清华中文系主任，秋天，"联大"建立师范学院，由于"联大"校舍尚未全部建好，学校决定将文、法学院暂迁蒙自。4月4日，朱自清征尘甫卸，又登上滇越路火车，反向向南至碧色寨，再转小火车向西，来到蒙自。①

蒙自的火把节，是当地古老的风俗，四乡在阴历六月二十四日的晚上，城中是25日。那天夜晚，城里的人家，在大门口烧着芦秆或树枝，一堆堆地点起篝火，燃烧的火光，冲破黑暗的夜空。围

---

① 姜建著：《朱自清》，第169~170页，南京：江苏人民出版社，2013年版。

国立西南联合大学

着篝火的人们，不论男女老少，提着浸油的烂布缠成的火球，在空中悠来晃去，高兴地跳着叫喊，往日安静的小城，突然热闹起来。火是燃烧的希望，纯粹中透出力量，"在这抗战时期，需要鼓舞精神的时期，它的意义更是深厚。"

　　冬春两季是枯水季节，南湖的水量很少，有一半的面积不存一点水。只要到了夏季，它涨得水满，充满野性的气势。湖岸边种植一排排的尤加利树，高大笔挺的树干，举着茂密的树冠，细长的叶子，宛如倒垂的杨柳。朱自清时常站在堤上，向北方眺望，怀念北平的什刹海。嵩岛上那一片塘中的荷叶，顶着一朵朵荷花，与什刹海的十分相似。嵩岛是风景秀美的好地方，朱自清觉得不如三山公园，那里曲径通幽，除了鸟叫声，很少有杂乱的声音。三个小土堆儿，几个简单的小亭儿。树木投下的绿荫，枝叶交织，石桌、石墩在树的掩映间，营造出古典的意蕴。蒙自有一处休闲散心的地方，也是造福民众，"这不能不感谢那位李嵩军长"。南湖上所有的路，由他下达命令，士兵们修筑出来的。嵩岛和军山两处，也是他带领重新修整。眼前的小公园，整个布局看出李军长的眼界。

　　每天黄昏时分，联大的学生们，东一群、西一伙地来到南湖边，在大自然中忘记困苦的生活，一路上说笑、打闹，青春的声音，使静谧的地方，有了激情的活力。教授们结束一天的工作后，喜欢闲步湖边。

　　　南湖的水颇丰满，柳岸荷堤，可以一观。有时父母亲携我们到湖边散步。那时父亲是四十三岁，半部黑髯（胡子不长，故称半部），一袭长衫，飘然而行。父亲于一九三八年自湘赴滇途经镇南关折臂，动作不便，乃留了胡子。他很为自己的胡子长得快而骄傲。当年闻一多先生参加步行团，从长沙一步步走到昆明，也蓄了胡子。闻先生给家人信中说："此次搬家，搬出好几个胡子。但大家都说，只我和冯芝生的最美。"

记得那时有些先生的家眷还没有来，母亲常在星期六轮流请大家来用点家常饭。照例是炸酱面，有摊鸡蛋皮、炒豌豆尖等菜肴。以后到昆明也没有吃过那样好的豌豆尖了。记得一次听见父亲对母亲说，朱先生（自清）警告要来吃饭的朋友说，冯家的炸酱面很好吃，可小心不可过量，否则会胀得难受。大家笑了半天。

那时新滇币和中央法币的比值是十比一，旧滇币和新滇币的比值也是十比一，都在流通。用法币计算，鸡蛋一角钱可买一百个，以法币为工资的人不愁没钱用。在抗战的艰苦日子里，蒙自数月如激流中一段平静温柔的流水，想起来，总觉得这小城亲切又充满诗意。

当时生活虽较平静，人们未尝少忘战争。而且抗战必胜的信心是坚定的，那是全民族的信心。一九三八年七月七日，学校和当地民众在旧海关旷地举行抗战纪念集会。父亲出席作讲演，强调一年来抗战成绩令人满意，中国坚持持久战是有希望的，一城一地之失，不可悲观，中国必将取得最后胜利。又言战争固能破坏，同时也将取得文明之进步，并鼓励学术界提高效率。浦薛凤说这次讲演"语甚精当"。

在那时战火纷飞的年月，学生常有流动。有的人一腔热血，要上前线；有的人追求真理，奔赴延安。父亲对此的一贯态度还是一九三七年抗战前在清华时引用《左传》的那几句话："不有居者，谁守社稷？不有行者，谁捍牧圉？"奔赴国难或在校读书都是神圣的职责，可无论做什么都要做好。[1]

---

[1] 宗璞：《梦回蒙自》，原载《告别阅读》，第 207 ~ 208 页，北京：作家出版社，2007 年版。

1939年8月，朱自清和陈竹隐、三子朱乔森、幼子朱思俞（前右）于昆明翠湖公园。

北平沦陷时，朱自清匆忙出逃，随清华师生南下，家属全部留在战乱中的北平。他只身漂泊在外，对亲人的思念萦绕心间。空闲时间望着远方，想到妻儿老小度着苦难的日子，他情不自禁写道：

勒住群山一径分，乍行幽谷忽干云。

刚肠也学青峰样，百折千回却忆君。

朱自清自责，怨自己是一家之长，却无法尽到承担的责任。他担心一家人的安危，陈竹隐作为柔弱的女人，每天在日本侵略者的刺刀下生活、照顾年幼的孩子。朱自清来到蒙自安顿好，给妻子陈竹隐写了一封信。朱自清让她带着孩子们想办法来昆明。沦陷区的陈竹隐，艰难中得到丈夫的信后，变卖仅有的家产，带着孩子们和另外一些教授家属结伴南下。这是一次生死旅程，前程未卜，陈竹隐回忆中说：

> 那时日本人的吉普车在城里横冲直撞。在告别北京时，我差点叫日本人的车撞上，结果我坐的三轮车翻了，车夫受了伤，我的脚也崴了，我就是一瘸一拐地启程南下的。在南下的船上，我们还遇到日本人的搜查。日本兵把全船的人都轰到甲板上，排成一队，挨个检查。他们认为可疑的人便用装水果的大蒲包把头一裹就拉走，完全不由分说。看着这蛮横的情景，真使人体会到亡国的痛苦。
>
> 船快到越南的海防时，又遇到了台风。大风大浪打得船上下颠簸。大家都翻肠倒肚地吐呀，吐呀！放在格子里的暖瓶全摔碎了，人也根本无法躺在床铺上。我的大女儿在隔壁舱里边吐边哭喊着："娘啊！我冷啊，冷啊！"而我身边还有两个小孩，我在舱里死死用两手抓住栏杆，用脚抵住舱壁，挡着两个孩子不让他们掉下来。听着隔壁女儿的哭喊声，我心里真是难受极了。大风浪整整折磨我们一夜，第二天风浪小了，可厨房里的盘碗餐具都打碎了，大家都只好饿肚子。
>
> 船到海防靠了岸，佩弦等人都已在那儿焦急地等着我们了。那地方风景可真美呀！到处都是绿树，绿叶中间花儿是那么红，红的艳极了。可那时越南是法国殖民地，这美丽的土地是在殖民主义者铁蹄的践踏下，越南人也饱尝着亡国的痛苦。[①]

陈竹隐的心情复杂，既有马上见到久别丈夫的喜悦之情，也有

---

① 陈竹隐著：《追忆朱自清》，原载《扬州文史资料》第七辑，第13页。

一路历经千辛万苦、几乎将命抛在路上的酸苦。不管怎么说，逃出日本侵略者的统治区，看不到膏药旗，有自己男人的依偎。5月30日，陈竹隐和另外几个教授家属，终于安全抵达云南。

6月2日，远远地看到驶来的船，朱自清焦虑的心，终于松了一口气。船抵达海防，见到母子四人，拖着疲惫的身体，走下船的刹那间，他有点控制不住自己的情绪。战乱的年代，一家人团聚值得庆幸。朱自清看着长大的孩子，心中十分高兴，感谢妻子的艰苦付出。

朱自清携带家人返回到蒙自，将家迁居至城内大井巷，与王化成、孙国华为邻。妻子的到来，孩子们的叫嚷声，让他在漂泊中得到慰藉，饮食起居得到了保证。朱自清在蒙自待的时间不长，这里的风土人情、朴实的百姓，存在他的记忆里，他后来动情地说："我在蒙自住过五个月，我的家也在那里住过两个月。我现在常常想起这个地方，特别人事繁忙的时候。"

西南联大租借海关和东方汇理银行的旧房子，是蒙自最好的地方。海关院子里，种着高大的尤加利树，地上绿草与它相映，一跨进大门，来者被绿陶醉，心中觉得特别的敞亮。树梢上经常落一些白鹭，"它和北平太庙里的'灰鹤'是一类，北方叫作'老等'。"洁白的羽毛，秀丽得让人喜爱。

僻静处有一条灌木林掩映的甬道，月光从叶子的缝隙筛落，地上一片碎光。另一个角落里，长着芒果树和木瓜树，白天太阳光照得不足，果实的光合作用不好，结出的果子不大。银行老院的花多，遍地斗艳的花朵，开出紫色的花，一丛丛的似一片花园。

这些花开的时间长，朱自清4月来到蒙自，它就朵朵绽放，八月里走时还未凋谢。

# 短暂重庆行

重庆不是人们想象的样子，朱自清近两年才知道。从地图上知道，重庆是一个岛，如果是岛似乎大不到什么地方。

两年前，听朋友谈起重庆的人文历史，不是想象中的模样。"抗战前二年走进夔门一看，重庆简直跟上海差不多；那时他确实吃了一惊。"7月到重庆时，正是酷热的季节，大热天的阳光毒辣，来往的行人汗流浃背。黏稠的热贴在身上。

朱自清住了一个星期，人生地不熟，凭借手中的一张地图，走过的地方不少。离开的时候，"还是一座丈八金身，摸不着头脑"。重庆是巴渝文化的发祥地，据有文字记载以降，具有3000多年的历史。曾经是古代巴国的首都，农民革命政权大夏国国都，抗日战争期间是国民政府的陪都，素有"三都之地"的美誉。

妻子陈竹隐的老家在成都，朱自清经常听到谈起西南，一些四川人自己都说，重庆热闹归热闹，就是有点俗气。他们说出的话，不会有虚假的成分，他信以为真，有一天来到重庆，有了新的发现。

陈晓兰也认为："作为文学家他们把现实的城市化为词语的城市，化为语言，这个过程就是一种隐喻话的过程，他们的理想是在现实与话语之间建立一种一致性。"诚然，作家们对重庆气候意象的塑造是充满了丰富的文化内涵和象征意义的，这种隐喻与象征是与战争语境与陪都语境紧密相关的。在那样艰难的时局里，他们飘零做客于重庆，濡染着循环往复的重庆恶劣的气候，他们只有被迫选择认同重庆的气候，不过这样的气候构形恰好与作家创作指向不谋而合，重庆的气候特点迎合了作家们的创作需要。他们营造出了陪都重庆的城市氛围与城市心境，它为我们管窥陪都重庆形象提供了一面棱镜。[1]

朱自清的朋友家，住在南岸一座山头上，他家的小廊子，面对重庆市区，每天清晨江上雾气缭绕，水气弥漫山城。朱自清研究过地图，从重庆的形状上看，它的南北狭窄，东西面积长，"展开来像一幅扇面上淡墨轻描的山水画"。时间一点点过去，浓稠的雾逐渐消散，城市的轮廓凸显，他说的扇面露出本来的颜色。

傍晚时分，朱自清和朋友出外散步，来到枣子岚垭、观音岩一带。此时的电灯亮起来，山坡上的建筑，一层层的灯光。一盏灯是一个故事，诉说人间的生活。

从昆明坐上飞机，朱自清的心情起伏，一路上在想，重庆经过日本鬼子飞机的多次轰炸，摧毁的景象，一定很悲惨。报纸读不到什么真实，一枚枚炸弹从天空降下，然后剧烈地爆炸，不用多说一句，闭上眼睛一想，就出现一幅画面。现在朱自清在场，他坐过轿子，坐过洋车，也坐过公共汽车。去了不少的街道，看到炸后留下的痕迹，残砖瓦砾的场面。朱自清还是有些吃惊，古老的山城，仍然堂皇伟丽，街头的行人，川流不息的车子，生活照常进行。让朱自清看到抗战

---

[1] 陈永万著：《大后方文学中的重庆》，西南大学，2012级硕士论文。

胜利的希望，一个民族的希望。

　　个人主体欲望的表达一端指向"身边琐事"题材。它是"五四"后文人内心自觉与生活环境碰撞的结果。当新思潮纷至沓来，知识阶层与统治者拆伙走向民间，成为世俗中的一分子，日常生活的烦闷与纠缠挥之不去，那么在散文中涤清排遣，或从中享受世俗生活的趣味，体悟人情物理，或在抒写个人悲喜意趣的同时，质问生活，发现自己，即成普遍倾向。

1941 年 3 月 14 日，朱自清在重庆的几天，对他的触动很大，观察日常生活，记下当时的原生状态。

有一天早上，朱自清坐在黄家垭口一家豆乳店里，突然看到街上，驶过几辆炮车。店里所有的人起身向外张望，街头的行人的目光，聚焦在这些炮车上，人们的眼睛里充满等待和希望。

朱自清觉得万众一心，就能把侵略者赶出中国。

# 第三卷　纯洁心性

　　朱自清的笔下，大多是日常生活的琐事，他抓住每一个细节，不放过寻踪找迹的机会。"诗是表情的文字，真情流露的文字自然成诗。"它是作家复杂情感的载体，没有真情的流露，缺少感人的细节，创造不出感人的作品。

# 南京札记

每一次到南京来去匆匆，感觉时间不够用，朱自清认为这里是值得流连的地方。

几次来南京，朱自清都是在夏天，可惜的是对它了解太少。他面对铺开的纸，所能写的是旅人的浮光掠影。

南京的古称较多，有金陵、秣陵、建业、建康、江宁等。公元前472年是南京建城的开始，这一年越王勾践灭吴国，命范蠡筑越城。公元前333年楚威王灭越，在石头山设置金陵邑，"金陵"也由此得名。公元前223年，秦灭楚，改金陵邑为秣陵县。南京由于地势优越，自战国时就有"金陵王气"之说，因此也流传有楚威王和秦始皇两个版本的"埋金说"。三国赤壁之战前夕，诸葛亮曾在秣陵登石头山观山川形势，他甚惊于秣陵地势之妙，后诸葛亮对孙权说："秣陵之地，钟阜龙蟠，石城虎踞，乃帝王之宅也。"以东吴的视野，秣陵确有虎踞龙盘之势，它背依钟山屏障，临江控淮，是进可攻退可守之地。229年，孙权称帝后，即从武昌还都建业。筑石头城，石头城以清凉山的天然峭壁为基，周长"七里一百步"，北缘大江，南抵秦淮河口。城墙高处建烽火台。城内有石头库、石头仓，以储兵械和军粮。当年的建业城下河道密集，是东吴水军的江防要塞和城防的重点。一千年后，元代诗人萨都剌作有《念奴娇·登石头城》：

石头城上，天低吴楚，眼空无物。指点六朝形胜地，唯有青山如壁。蔽日旌旗，连云樯橹，白骨纷如雪。一江南北，消磨多少豪杰。寂寞避暑离宫，东风辇路，芳草年年发。落日无人松径里，鬼火高低明灭。歌舞尊前，繁华镜里，暗换青春发。伤心千古，秦淮一片明月。

东晋时，都城东移，以台城为中心兴建了新的宫城，宋齐梁陈也沿用了这一格局。但六朝台城在历史上屡遭破坏，最彻底的一次莫过于589年初隋军攻入建康，"诏建

南京的茶馆（据《亚东印画辑》）

康城邑宫室，并平荡耕垦。"2003 年，在南京图书馆新馆的建设工地，发现了六朝时期的宫城。在今天南京图书馆的东北角，有一个地面由玻璃钢铺就的展厅，透过淡绿色的玻璃钢地板，下面就是当年六朝宫城的遗迹。①

　　陈英华选择"古董铺子"，表现对南京的感受。词中隐藏的东西。朱自清曾经在文章中说过："于一言一动之微，一沙一石之细，都不轻轻放过。"南京到处都有历史侵蚀的遗痕，稍不留心错过，就会走过一个时代。摩挲一块石头，也可以远远地凭吊，站在一旁遐想。

　　鸡鸣寺位于玄武区鸡笼山东麓山顶上，始建于西晋时期，是南京最古老的梵刹之一，它自古被称为"'南朝第一寺'，'南朝四百八十寺'之首寺的美誉"。朱自清的个人感觉，不要在阳光下去，选择一个微雨天，要不就是月夜，朦胧之中体验寺中渗出的古韵。

　　来到鸡鸣寺，必须到豁蒙楼喝茶，坐在老桌子前，要一壶清茶，淡淡的茶香，将人的思绪带往远古。豁蒙楼是两江总督张之洞，为了纪念他的门生戊戌六君子之一的杨锐特意修建的，它位于古鸡鸣寺最高处、鸡笼山的东北端。豁蒙楼是文人骚客喜欢的地方，此处的风景绝佳。

　　"豁蒙"二字，不是凭空摘来，它取自杜甫《赠书监江夏李公邕》诗中的"忧来豁蒙蔽"。坐在豁蒙楼上，临着一排明亮的窗子，看着阳光嗅到茶香溜进。掀开碗茶的盖子，一缕茶汤的香气升起。贮藏历史气息的场所，喝一碗茶，向窗外眺望，思古抚今，苍凉的台城，如同一部翻开的黄卷，记录历史的踪迹。朱自清是诗人，对周围环境的观察，不是漫不经心的。豁蒙楼的每一扇窗子，安排得恰到好处，看上去不多不少。寺后园有一口水井，用来浇灌园中植物，"可

---

① 陈英华著：《南京"古董铺"里寻六朝》，原载《人物》，2010 年 8 期。

不是那陈后主和张丽华躲在一堆儿的'胭脂井'！"

从寺后沿着一条小路去台城，上面没有垛子，真如它的平台名字一样。走在柔软的草上，听不到脚步声，有一种山野的恬静。走在路上，遇到一只只黑蝴蝶，在山中飞舞。这是南京城的最高点，能望到城中的每一处地方。

这时候若有个熟悉历代形势的人，给你指点，隋兵是从这角进来的，湘军是从那角进来的，你可以想象异样装束的队伍，打着异样的旗帜，拿着异样的武器，汹汹涌涌地进来，远远仿佛还有哭喊之声。假如你记得一些金陵怀古的诗词，趁这时候暗诵几回，也可印证印证，许更能领略作者当日的情思。

若是以前的话，从台城爬出去，能通到玄武湖边。特别是有月的夜晚，两三个友人结伴游玩，月光的影子照在大地上。那是过去的事情，现在可不行了，必须出寺门才能走下山，绕一个大弯子。早在七八年前，湖中长满苇子，一副凄凉的景象，月光再好，也不会泛到水面上。坐那样式窄小的船，小的可怜不说，船破旧又渗水，花钱找罪受，一点情调都没有。如今和过去不同，一出城能看见湖，水波荡漾，鸟儿在水上觅食。湖与远处的山，构成烟水苍茫的古典意蕴。现在的船大多了，船上装修不同以往，有藤椅子供游客舒服地躺着。岸上光秃秃的，幸亏湖中有五个岛子，上面的绿色点缀浩大的水面。"这里的水是白的，又有波澜，俨然长江大河的气势，与西湖的静绿不同。"这个情景适合看月亮，天空阔荡，无边无界。与友人喝上几杯酒，微醺中迎着小风，迷糊地躺在藤椅上，听着船破水的声音，水流动的响声，风中播来的箫声，它们交织在一起，分不清现在，或者古典。

南京之国祚民心与都城命运的延续，又奠定了南京不同于中国历史上其他古都的特殊地位。要而言之，南京为汉人心目中永远的都城，也是事功业绩值得汉人长久追忆的都城。①

1664年修建的扫叶楼，属于明清的式样，砖木结构，二层楼顶覆小瓦。楼前环抱翠竹婆娑，绿树掩映，平台放眼远眺，楼后的庭院内，人工建造的假山，与善庆寺前的石阶，融合为一体。扫叶楼是明末清初，被称誉为"金陵八家"之一的龚贤晚年的住处，来源于他画的扫叶僧状小像得名。

朱自清坐在扫叶楼上，发现它的窗子与豁蒙楼差不多少，窗外的风景不一样。山峰连绵不断，山脚下有一片茂密的树林。喝茶的工夫，好歹不算浪费时间，豁蒙楼上不能坐久，台城上别有一番好风光。扫叶楼让人流连的地方，一坐下不想走，朱自清说夏天，"清凉"味弥漫。扫叶楼卖素面，吃起来可口，又不算太贵。

莫愁湖在华严庵里。湖不大，又不能泛舟，夏天却有荷花荷叶。临湖一带屋子，凭栏眺望，也颇有远情。莫愁小像，在胜棋楼下，不知谁画的，大约不很古罢；但脸子画得秀逸之至，衣褶也柔活之至，大有"挥袖凌虚翔"的意思；若让我题，我将毫不踌躇的写上"仙乎仙乎"四字。另有石刻的画像，也在这里，想来许是那一幅画所从出；但生气反而差得多。这里虽也临湖，因为屋子深，显得阴

---

① 胡阿祥著：《华夏正统与城市兴衰：古都南京的历史特质》，原载《南京社会科学》，2013年12期。

暗些；可是古色古香，阴暗得好。诗文联语当然多，只记得王湘绮的半联云："莫轻他北地胭脂，看艇子初来，江南儿女无颜色，"气概很不错。所谓胜棋楼，相传是明太祖与徐达下棋，徐达胜了，太祖便赐给他这一所屋子。太祖那样人，居然也会做出这种雅事来了。

　　古时的张岱、冒襄、孔尚任等文人骚客，游过秦淮河以后，都留有写下的文字流传至今。这些文人的踪迹和文字，构建了秦淮河的空间和时间的形象。朱自清过去读《桃花扇》《板桥杂记》一类的书，感受到岁月的沧桑。前一年，他在夫子庙望着昔日的画舫，陈旧的样子，想象当年的情景。他在老万全酒栈跟前，瞅着浑黑的秦淮河水，又是在巴掌大、憋得透不出气的秦淮小公园，环境带给人的坏情绪，不会有古人的好梦。

　　贡院的原址在秦淮河边上，如今拆得只剩一点残迹。朱自清记得民国五年，父亲带他去的时候荒凉不堪，号舍破败野草乱生。他父亲曾经办过江南的闱差，熟悉考场的环境，如数家珍说得有条有理。父亲说到当时的情景，眼神中流露出神秘，考生入场时，有很多人陪送的，门口一片乱嚷嚷的。天不亮时点名，大家回在灯牌上，然后由号军扛着在各号里巡走。父亲说的"号"，其实是一条胡同，两旁分列各个号舍。

　　每一间号舍不大，容纳一个人。考试的几天里，不能随意离开，吃饭、睡觉和做文章都在这里面。

　　现在的贡院，随着时间的流逝，已经变成碎石路。过往的路人，不知有谁想过去的事情，文化研究者宇文所安指出：

　　我们的兴趣更多地在于（金陵）这座城市的一种情绪

南京玄武湖

南京明孝陵 1924

南京鸡鸣寺

南京狮子山

和一种诗的意象的构成，一种构成这座城市被看方式的地点、意象和言辞的表层之物。

一个地方主要是通过文本以它们程式化的意象而被知晓、被记住并成为值得追忆的。[①]

1366年建成的南京故宫，位于南京市中心的东部，初建成时称"吴王新宫"，后又被叫作"皇城"。黄昏时的明故宫，残阳照在瓦砾上，显示出时间的沧桑。唐代诗人李白写道："西风残照，汉家陵阙。"西风中的午门残存，直对洪武门的城楼。古物展览室中，保存一些珍贵的古物，可惜规模不大，文物陈列得随意，毫无什么秩序而言。悲凉中的明孝陵道上，沿路的石人石马，经过时间的熬磨，在大自然风雨的吹打下，变得残缺零乱，但还是气势夺人。陵下的隧道，终日不见阳光。外面骄阳似火，毒辣的阳光近乎燃烧，夏天待在里面，凉风沁人肌骨。

清初年前，康熙、乾隆二帝下江南巡视，船行此处停泊。矶顶上有碑亭，石碑有清乾隆帝所书"燕子矶"二字，背面是他的题诗。夜晚来到亭中远眺，水中一轮白月亮，照得江水发出白光，这个地方是"金陵四十八景"之一。从长江里看燕子矶，绝壁耸天，山尖中的危亭，宛如一个墨点。要想攀登上去，没有一条路可行，哪怕盘桓的小路。燕山有十二洞，朱自清只走过三个。

朱自清散文的吴越文化情愫，不仅仅反映在他所描写的对象具有的典型的"风土"特色——鲜明的吴越地理特征方面，更体现在作家对吴越文化个性的熟稔和绘写自如，

---

① [美]宇文所安：《地·金陵怀古》，原载《北美中国古典文学研究名家十年文选》，第138页，南京：江苏人民出版社，1996年版。

茅盾主编的《朱自清选集》

又能够体验吴越文化的集体性格和气质对其整体散文思想的影响的文化心理素质，即"人情"方面。[1]

南京茶馆不仅喝茶，卖一种小吃干丝，味道相当不错。朱自清在此不免赞扬故乡，发出赞美声的人，绝对没有去过。那儿的干丝，做得比南京细得多，从来没有那么多的糖分。朱自清是南方人，倒觉得芝麻烧饼好吃，"一种长圆的，刚出炉，既香，且酥，又白，大概各茶馆都有"。咸板鸭是正宗南京的特产，这种东西趁热乎劲吃，满口香得好，不过肉要肥腻，才有咬嚼头。南京人不同，他们说盐水鸭更好，大概因为其鲜嫩，那是冷着吃的。冷热相差大，老觉得不对劲儿。

1934年8月，朱自清写了一篇游记，散记在南京短暂的日子。他以诗人的眼睛，从古建筑到饮食文化，古迹到现代的变迁，寻找人文历史的痕迹。文字中弥漫伤感，流露出欣赏与赞美。

---

[1] 张向丽著：《朱自清散文的吴越文化情愫》，原载《南宁师范高等专科学校学报》，2001年第2期。

# 桨声灯影游秦淮

秦淮河古时称为淮水，它又有一个诱人的名字叫龙藏浦。很早的时候，它不似现在这样与长江相通，据民间传说，秦始皇南巡来此地，下令开凿方山修出渠道，将长江水引入淮水，故名"秦淮"。唐代诗人杜牧，为秦淮河写的一首《泊秦淮》，因此远近闻名。

> 烟笼寒水月笼沙，
> 夜泊秦淮近酒家。
> 商女不知亡国恨，
> 隔江犹唱后庭花。

1923 年 8 月，朱自清一生不会忘记。初秋的季节，他和好友俞平伯，显然读过杜牧的诗，被大水迷人的风情吸引。两人结伴同游秦淮河，相约各写一篇以秦淮河为题的文章。

俞平伯第一次来秦淮河，朱自清已经游览过几次。月亮初升，淡淡的光辉下，水面波光粼粼，别有一番情味。他们雇了一只"七板子"，这种有篷而无栏的小船，是秦淮河上的主要游船。《官场现形记》第二十九回中写道："……窗户外头河下一只七板子，坐着一位小姑娘……"① 可见这种船很早就出现，两个友人坐上船，划桨声中离开岸边，驶向水的深处。船在水中似一枚叶片，四周被水簇拥，水与船、船与水融为一体。手伸出船边，触碰飞起的水花，湿润的感觉，激起人的游兴。陪同友人游这条河，朱自清的心情不一样，他领略到"晃荡着蔷薇色的历史的秦淮河的滋味了"。朱自清对每一个字都斟酌过，月光下的蔷薇色，透出水的人文历史。

朱自清是文人，对事物的观察细致入微，引经据典，不会白走一趟。秦淮河里的船，相对比较起来，要比北京万牲园、颐和园、西湖的船好，老家扬州瘦西湖的船，也不可能和秦淮河上的船比较。在一条风情万种的大水上，坐在七板子船上，一边和友人畅谈，观赏两岸的风光，不是什么人都能享受到的。朱自清喜欢小船，他在回忆中说：

> 秦淮河的船一样。秦淮河的船约略可分为两种：一是大船；一是小船，就是所谓"七板子"。大船舱口阔大，可容二三十人。里面陈设着字画和光洁的红木家具，桌上一律嵌着冰凉的大理石面。窗格雕镂颇细，使人起柔腻之感。窗格里映着红色蓝色的玻璃；玻璃上有精致的花纹，也颇悦人目。"七板子"规模虽不及大船，但那淡蓝色的栏杆，空敞的舱，也足系人情思。而最出色处却在它的舱前。舱前是甲板上的一部。上面有弧形的顶，两边用疏疏的栏干支着。里面通常放着两张藤的躺椅。躺下，可以谈天，可以望远，可以顾盼两岸的河房。大船上也有这个，便在小船上更觉清隽罢了。舱前的顶下，一律悬着灯彩；灯的

---

① 李宝嘉著：《官场现形记》，第483页，北京：人民文学出版社，1982年版。

秦淮河，据《亚细亚大观》

多少，明暗，彩苏的精粗，艳晦，是不一的。但好歹总还你一个灯彩。这灯彩实在是最能钩人的东西。夜幕垂垂地下来时，大小船上都点起灯火。从两重玻璃里映出那辐射着的黄黄的散光，反晕出一片朦胧的烟霭；透过这烟霭，在暗暗的水波里，又逗起缕缕的明漪。在这薄霭和微漪里，听着那悠然的间歇的桨声，谁能不被引入他的美梦去呢？只愁梦太多了，这些大小船儿如何载得起呀？我们这时模模糊糊地谈着明末的秦淮河的艳迹，如《桃花扇》及《板桥杂记》里所载的。我们真神往了。我们仿佛亲见那时华灯映水，画舫凌波的光景了。于是我们的船便成了历史的重载了。我们终于恍然秦淮河的船所以雅丽过于他处，而又有奇异的吸引力的，实在是许多历史的影像使然了。

月光下的七板子，在水上划行，节奏鲜明的桨声，弹拨夜的琴弦。朱自清和俞平伯游兴不减，情感在天地之间得到释放，畅谈无所顾忌。

1920 年 3 月，俞平伯从英国回来，暑假过后来到"杭州第一师范学校"任教，在此结识大他一岁的朱自清。两人对艺术的审美情趣相投，朱自清将出版的新诗集《不可集》，送给新识的老弟。他们接触的时间越来越多，一起探讨新诗的创作发展，从此开始，结下深厚的友谊。

1922 年，朱自清、俞平伯、叶圣陶和刘延陵，共同创办了新文学史上第一个《诗》杂志。只出版了二卷七期，却富有新诗的生气。它既刊载新诗，同时发表评论，团结一批年轻的新诗人，活跃沉闷的诗坛，这本杂志是"五四"以来最早出现的诗刊。

夜色中的秦淮河，流动的水波上，浮着一片月光，"看起来厚而不腻，或者是六朝金粉所凝么？"他用"厚"和"腻"形容水，

在这薄雾和微澜里听着那悠然的间歇的桨声，谁能不被引入他的美梦去呢？——朱自清

付大伟 作

可见对水的独特感受。他们坐上船的时候，天色尚未黑透，明与暗交替的时分，秦淮河荡漾漾的柔波，有着羞涩的恬静、阴柔的委婉。当天黑降临，它会一反常态，变得比白天热闹。空气中的水腥味，夹着脂粉的香气，追逐一只只游船。行驶中碰到迎面的船上，闪烁着的光芒，如同梦的眼睛。每只船上的故事，随着桨声和水声，向远方流淌。每一个游人享受自然的美，听到久远的历史。

　　两个友人坐在前舱，头上是隆起的顶棚，他们看着岸边停泊的船，灯光中船上走动的人影，有了朦胧的诗意。朱自清在他的散文中写道，文字中弥漫着诗，诗中有画的特色。他不是滥情的描写，朴素中表现出美文。


　　　穿花蝴蝶样的小艇子多到不和我们相干。货郎担式的船，曾以一瓶汽水之故而拢近来，这是真的。至于她们呢，即使偶然灯影相偎而切掠过去，也无非瞧见我们微红的脸罢了，不见得有什么别的。可是夸口早哩！——来了，竟向我们来了！不但是近，且拢着了。船头傍着，船尾也傍着；这不但是拢着，且并着了。厮并着倒还不很要紧，且有人扑冬地跨上我们的船头了。这岂不大吃一惊！幸而来的不是姑娘们，还好。（她们正冷冰冰地在那船头上。）来人年纪并不大，神气倒怪狡狯，把一扣破烂的手折，摊在我们眼前，让细瞧那些戏目，好好儿点个唱。他说："先生，这是小意思……诸君，读者，怎么办？好，自命为超然派的来看榜样！两船挨着，灯光愈皎，见佩弦的脸又红起来了。那时的我是否也这样？这当转问他。（我希望我的镜子不要过于给我下不去。）老是红着脸终究不能打发人家走路的，所以想个法子在当时是很必要。说来也好笑，我的老调是一味的默，或干脆说个"不"，或者摇摇头，摆摆手表示"决不"。如今都已使尽了。佩弦便进了一步，他嫌我的方术太冷漠了，又未必中用，摆脱纠缠的正当道路惟有辩解。好吗！听他说："你不知道？这事我们是不能做的。"这是诸辩解中最简洁，最漂亮的一个。可惜他所说的"不知道？"来人倒算有些"不知道！"辜负了这二十分聪明的反语。他想得有理由，你们为什么不能做这事呢？因这"为什么？"佩弦又有进一层的曲解。那知道更坏事，竟只博得那些船上人的一哂而去。他们平常虽不以聪明名家，但今晚却又怪聪明，如洞彻我们的肺肝一样的。这故事即我情愿讲给诸君听，怕有人未必愿意哩。"算了罢，就是这样算了罢。"恕我不再写下了，以外的让他自己说。[1]

因为两个人商量好，各写一篇游记的文字，俞平伯的视角发生变化，对事物的感受不同，即使是好友，他们的观察点不会相同。俞平伯第一次游秦淮河，更多的是主观感受，少了借景抒情的文字。

七板子小船划过利涉桥，望见东关头。听见沿岸飘来的歌声，两种歌声交织在船上。一种从岸上的妓楼飘出，带着灯红酒绿的分子，一路踏着乐曲的韵律。另一种从船里流出，掠过水面，夹着一股凄美，在七板子上不肯散去。它们和水声搅在一起，"我们明知那些歌声，只是些因袭的言辞，从生涩的歌喉里机械的发出来的；但它们经了夏夜的微风的吹漾和水波的摇拂，袅娜着到我们耳边的时候，已经不单是她们的歌声，而混着微风和河水的密语了。"此情此景听这些歌声，还是有一点心动，不得不被牵扯，思绪在歌声

---

[1] 俞平伯著：《桨声灯影里的秦淮河》，第 467 ~ 468 页，长沙：湖南文艺出版社，1990 年版。

民国初年的秦淮河

里浮沉。七板子从东关调头转弯，划行不久来到大中桥，三个桥洞很宽大，供过往的船通行。七板子显得十分弱小，宛如一片枯枝。桥墩上的砖长期在阴暗的地方，受潮湿水气的浸染，表面变成深褐色。从砖的颜色，感受积存历史的长久，它的造型独特，坚固耐用，体现过去人造桥的智慧。

　　桥上的两边，大多是木板墙壁的房子，中间有一条街道。房子经过风雨的淋浇，破旧不堪，木质失去当年的美丽。盛时的秦淮河，桥上建房子不是一般的人家，必然修得富丽堂皇。一到了夜晚，房子透出的灯光，洒落秦淮河上，歌声穿过板壁墙，引诱过往的船只。事过境迁，现在只剩下破旧的房子，辨不出当年的风华，一片黑沉沉的。只有从败落的窗口、磨平的门槛，让过往的人修复往日的繁华，满足一下好奇心。驶过大中桥，一片灯火与月色交辉，笙歌彻夜地在秦淮河飘荡，这才是它的真实面目。

大中桥连接两岸，也是一道分界线，外头的水面空旷，桥内的岸边房子密布，它们有着明显的区别。一眼望去，稀疏的林木，沐着淡淡的月光，有点似荒水野渡的情景。"那边呢，郁丛丛的，阴森森的，又似乎藏着无边的黑暗：令人几乎不信那是繁华的秦淮河了。"河中洒着星点的灯光，往来装饰华丽的画舫，水面上荡漾游玩，悠扬的笛韵，伴着胡琴声回荡夜空。唐代诗人刘希夷的"画舫烟中浅，青阳日际微。"游荡在秦淮河上，想起这首诗，令人回味不已。

此地天空水阔，清亮的水影，朱自清用了"薄薄的夜"，一个"薄"字，道出秦淮河夜的神韵。

秦淮河日夜不息，七板子、画舫在水面上游动，船上发生的故事和岸上的传说，在水中流淌。人们面对月夜、对酒当歌地享受生活，寻找文学里的人物踪迹，重温一段时间燎过的金陵春梦。

大散文家梁实秋，南行时途经南京，他自然不会放过游秦淮河的机会，他回忆时说：

> 南京的名胜真多，可惜我的时间太短促了。第二天上午我们游秦淮河，下午我便北返了。秦淮河的大名真可说是如雷贯耳，至少看过《儒林外史》的人应该知道。我想象中的秦淮河实在要比事实的还要好几倍，不过到了秦淮河以后，却也心满意足了。秦淮河也不过是和西直门高粱桥的河水差不多，但是神气不同。秦淮河里船也不过是和万牲园松风水月处的船差不多，但是风味大异。我不禁想起从前鼓乐喧天灯火达旦的景象，多少的王孙公子在这里沉沦迷荡！其实这里风景并不见佳，不过在城里有这样一条河，月下荡舟却也是乐事。我在北京只在马路上吃灰尘，

突然到河里荡漾起来，自然觉得格外有趣。[1]

大中桥外，原来还有一座桥，人们称为复成桥，从船夫的口中知道，是此次游的终点，也是秦淮河的尽头处。

朱自清少年的时候，曾经来过复成桥，但后来两次再游秦淮河，未见着复成桥的影子。他的记忆中的明知桥在前面，却一次没有碰上。正值盛夏的时节，他们下船后，借夜晚的凉爽，河上吹来的微风，躲开暑气的苦熬。上岸散心地走一段，心情豁然开朗，清风吹拂身上，褪去黏稠的汗水。"秦淮河的水却尽是这样冷冷的绿着"，朱自清的文字中颇有古典的神韵，一个"冷冷的绿"，说不尽秦淮河的艳美，"冷"字说出水的内蕴。七板子船从大中桥宽大的洞中穿越，过不了半里的路，船夫结束此次行程，将船停泊岸边。船桨停止划动，随着水流，七板子自由晃荡。船夫让两个友人欣赏秦淮河的夜景，他蹲一旁抽烟。

有人说，两位大师不仅将秦淮河的题材作尽了，把散文作尽了，更把同题作文给作尽了。如同有人评论的，同是细腻的描写，俞先生是细腻而委婉，朱先生是细腻而深秀；同是缠绵的情致，俞先生是缠绵里满蕴着温煦浓郁的氛围，朱先生的是缠绵里多含有眷恋悱恻的气息。用作者自己的话来比喻，则俞先生的是"朦胧之中似乎胎孕着一个如花的笑"（《杂拌儿》），而朱先生的则是"仿佛远处高楼上渺茫的歌声似的"（《背影》）。朱自清先生写景散文以细腻的笔触勾勒出描写对象的"绘画之美"，他的实践

① 梁实秋著：《南游杂感》，原载《雅舍遗珠》，第74页，武汉：武汉出版社，2013年版。

打破了当时流传的"美文不能用白话写作"的迷信。[①]

那时河里非常热闹，船拉完游客，大多依岸停泊，少数几只来往水上。停泊在城区的那一边，他们坐的船夹杂其中。送走客人，那边过来的船，从吃水线上看出它的轻盈，原来是一只空船，显得非常的安静。船上曾经是歌声和琴声，演出一幕歌舞升平的景象。女人圆润的歌声，带着水的阴柔，感动多少男人的心。船与船擦身而过，瞬间目光掠过对面船上的场景，相隔一段的距离，反倒使人发挥想象力，它与渴慕交融，产生出来的东西才叫美，有许多的回味。

而竞发的喧嚣，抑扬的不齐，远近的杂沓，和乐器的嘈嘈切切，合成另一意味的谐音，也使我们无所适从，如随着大风而走。这实在因为我们的心枯涩久了，变为脆弱；故偶然润泽一下，便疯狂似的不能自主了。但秦淮河确也腻人。即如船里的人面，无论是和我们一堆儿泊着的，无论是从我们眼前过去的，总是模模糊糊的，甚至渺渺茫茫的；任你张圆了眼睛，揩净了眦垢，也是枉然。这真够人想呢。在我们停泊的地方，灯光原是纷然的；不过这些灯光都是黄而有晕的。黄已经不能明了，再加上了晕，便更不成了。灯愈多，晕就愈甚；在繁星般的黄的交错里，秦淮河仿佛笼上了一团光雾。光芒与雾气腾腾的晕着，什么都只剩了轮廓了；所以人面的详细的曲线，便消失于我们的眼底了。但灯光究竟夺不了那边的月色；灯光是浑的，月色是清的，在混沌的灯光里，渗入了一派清辉，却真是

---

[①] 雨初著：《两个人的桨声灯影——俞平伯与朱自清的友谊》，原载《传承》，2008 年 5 期。

> 奇迹！那晚月儿已瘦削了两三分。她晚妆才罢，盈盈地上
> 了柳梢头。天是蓝得可爱，仿佛一汪水似的；月儿便更出
> 落得精神了。

岸上的杨柳树，在风中晃动垂下枝条，拂出的影子在水里摇曳。几株叫不出名的老树，枝干遒劲，竖立在那里，沐浴月光下。

朱自清是散文大家，受过传统文化的教育，钟情于白描手法。他对事物的摹写，不饰过多的雕刻，只是几笔，将情景记录下来。

此时发生意外的小插曲，遇上难缠的事情。秦淮河上原有以卖唱为业的歌妓，很早的时候，她们在茶舫上，唱一些大曲之类的。每天午后一时开工，晚上她们照样出来，没有固定的时间。以前朱自清来南京，曾经跟随朋友听过两次，茶舫上的人太多，闹哄哄的场合不习惯，听不出所以然。前年听说歌妓被取缔，他回忆听歌的情景，怎么也想不起太多的印象。这次来到南京，有机会去茶舫看一眼，清冷寂寥，让人有怅然的感觉。无缚鸡之力的女人，失去这份职业，如今她们还在秦淮河上淘生活，或是做一份安稳的活计。不料她们移到这里，竟会纠缠他们。朱自清和俞平伯很少出入灯红酒绿的地方，对于风尘女子，不知如何应对，显得紧张起来。

> 值得一提的是各类船上当年所用之乃是金陵特产，名
> 为"羊角灯"，是用羊角熬成胶，调和彩色，冷凝过程中
> 压成薄片，连缀成灯，透光遮风，且不脆裂。也有用来做
> 天窗的，俗称"明瓦"。据说清代皇宫中也用此灯。到清
> 末玻璃多了，也就都改用玻璃灯了。南京现在还有明瓦廊
> 的地名，就是当年制售明瓦之处。[①]

---

① 薛冰著：《家住六朝烟水间》，第32页，上海：上海古籍出版社，2000年版。

过去船上使用的灯，是羊角灯，现在她们乘着七板子，坐在船舱的前面。舱前点着的灯改为石油汽灯，投出的光亮炫人眼目。下面的人映得完全清楚，引诱来往客人们的眼光。舱里坐着弹弦的乐师，一般的船上，歌妓大约是两人。天黑下来，她们的船在大中桥附近。那天晚上，想象变成真事，两个友人坐在船头，一只歌舫向他们划来，很快两船相并排在一起。对面的灯放出耀眼的光，刺破无边的黑暗，逼得他们闭上眼睛，皱起了眉头。一个伙计弄得船晃动，熟练地越过船，拿着摊开的歌折，往朱自清的手中塞并客气地说："点几出吧！"伙计的举动，弄得朱自清措手不及，歌折如同火炭不知接过来，还是丢过去。朱自清感觉黑暗中，很多人围着看热闹，无数双眼睛，带着各种各样的心态，集中在他的身上。特别对面船上的歌妓投来的眼光，让他们不好意思。

朱自清避开歌妓的目光，掩饰不安的情绪，表面显示大方的样子。他将歌折翻了一遍，根本没有看清歌名，记住几个字，赶紧递还那伙计，不好意思地说："不要，我们……不要。"俞平伯神情严肃掉转头，急忙摇手说，"不要！"伙计是经常行走江湖的人，见多识广，不管对方的态度如何，那人黏着不离开，俞平伯不耐烦，又回过身来说："不要！"伙计重又来找朱自清，同样遭受拒绝。他感到再纠缠下去不会有什么结果，不高兴地越过船，回到自己的船上。

　　我说我受了道德律的压迫，拒绝了她们；心里似乎很抱歉的。这所谓抱歉，一面对于她们，一面对于我自己。她们于我们虽然没有很奢的希望；但总有些希望的。我们拒绝了她们，无论理由如何充足，却使她们的希望受了伤；这总有几分不作美了。这是我觉得很怅怅的。至于我自己，更有一种不足之感。我这时被四面的歌声诱惑了，降伏了；但是远远的，远远的歌声总仿佛隔着重衣搔痒似的，越搔越搔不着痒处。我于是憧憬着贴耳的妙音了。在歌舫划来时，我的憧憬，变为盼望；我固执地盼望着，有如饥渴。虽然从浅薄的经验里，也能够推知，那贴耳的歌声，将剥去了一切的美妙；但一个平常的人像我的，谁愿凭了理性之力去丑化未来呢？我宁愿自己骗着了。不过我的社会感性是很敏锐的；我的思力能拆穿道德律的西洋镜，而我的感情却终于被它压服着，我于是有所顾忌了，尤其是在众目昭彰的时候。道德律的力，本来是民众赋予的；在民众的面前，自然更显出它的威严了。我这时一面盼望，一面却感到了两重的禁制：

一，在通俗的意义上，接近妓者总算一种不正当的行为；

二，妓是一种不健全的职业，我们对于她们，应有哀矜勿喜之心，不应赏玩地去听她们的歌。

在众目睽睽之下，这两种思想在我心里最为旺盛。她们暂时压倒了我的听歌的盼望，这便成就了我的灰色的拒绝。那时的心实在异常状态中，觉得颇是昏乱。歌舫去了，暂时宁靖之后，我的思绪又如潮涌了。两个相反的意思在我心头往复：卖歌和卖淫不同，听歌和狎妓不同，又干道德甚事？——但是，但是，她们既被逼的以歌为业，她们的歌必无艺术味的；况她们的身世，我们究竟该同情的。所以拒绝倒也是正办。但这些意思终于不曾撇开我的听歌的盼望。它力量异常坚强；它总想将别的思绪踏在脚下。从这重重的争斗里，我感到了浓厚的不足之感。这不足之感使我的心盘旋不安，起坐都不安宁了。唉！我承认我是一个自私的人！平伯呢，却与我不同。他引周启明先生的诗，"因为我有妻子，所以我爱一切的女人，因为我有子女，所以我爱一切的孩子。"

意外的小插曲，弄得两个人情绪不佳，游玩秦淮河夜景的心境破坏。他们谈话中间，又来了两只歌舫。重演刚才的那一套，先是伙计跨船过来，接着是相同的着数，递过来歌折，他们不加考虑地拒绝。船夫也添乱，他有自己的盘算，大约想回去再做一趟生意，话语中不耐烦，催着他们不必再纠缠。七板子继续向前行驶，刺眼的灯光越来越远，清冷的月色照在船上，增加一分伤感。附近没有船只，朱自清他们坐的七板子，成为孤独的夜游船。七板子行到大中桥跟前，遇着迎面来的船。他们望过去，载妓的七板子上，坐着一个妓女，"白地小花的衫子，黑的下衣。她手里拉着胡琴，口里唱着青衫的调子。"她唱得幽怨而圆转，划破夜的黑暗，漂飞水面上，水的自然声，伴着妓女的歌声，形成特殊的气氛。两船擦身而过，向两个不同的方向行驶。

如今，透过他们的文字叙述，我们仍能还原当年的秦淮场景，以及新式文人的心灵世界。

那时的秦淮依旧灯火辉煌，笙歌楼台，只是没有名妓，没有家国气节，文人游客只能从《桃花扇》及《板桥杂记》去寻找"历史的影像"。在朱自清的笔下，"河中眩晕着的灯光，纵横着的画舫，悠扬着的笛韵，夹着那吱吱的胡琴声"，无处不在昭示着秦淮特有的夜景。他们的游河多半是由于秦淮的历史盛名，如朱自清所言，是想领略"那晃荡着蔷薇色的历史的秦淮河的滋味"。然而，一旦进入秦淮的游乐空间，历史的绮思则需接受现实的打量。毕竟，

20世纪20年代的秦淮河不仅是一处承载历史记忆的古迹，也是一道大众社交娱乐的河流。所以，俞平伯才会"模糊地觉着在秦淮河船上板起方正的脸是怪不好意思的"，而应该"暂且学着，姑且学着我们平时认为在醉里梦里的他们的憨痴笑语"。①

七板子过了桥，只见东关头散落的灯火，天空中的月亮，不知人间的悲欢，依然洒落清淡的月光。过东关头时，碰到一两只大船停泊岸边，几只七板子向我们驶来。一阵歌声，夹杂人的说话声，望到他们孤单的样子，似乎在嘲笑。七板子在东关头转弯，水边的妓楼，灯火明亮诱人，人影幢幢，映出的剪影，漫出脂粉的味道。友人默然相对，坐在船上向秦淮河黑暗的深处望去。划动的桨声节奏轻缓，几乎让人入睡。朦胧中回味秦淮河的风情，繁华的余味，让他们不愿往回返，坐在七板子上在大水上漂，也是一种享受。

七板子载着两个友人归岸，此时的气氛，不是初登船时的兴奋，水上发生的事情，已经变作记忆。船行驶到利涉桥下，嘈杂的人声扑来，将两人水上的游程结束。

在大中桥与复成桥之间，才是那一种旖旎"繁华的极点"。那一段的河段，严格地说，已是内秦淮的支流之一，六朝时的青溪、明代的御河了。自80年代后期复兴的秦淮画舫，巡游的线路，是连东关头也出不了的；且船夫多用长篙，日落就不开船，桨声乎，灯影乎，是一样也没有的了。游人坐在简陋、局促的木船上，眼中一望只是秦淮人家后墙的白壁，既不见"河房的明窗洞启"，也不见曲

---

① 吴润凯著：《民国文人的秦淮河书写》，原载《书屋》，2009 年 2 期。

栏杆的"玲珑入画";口鼻之间,更全无"茉莉的香、白兰花的香、脂粉的香、纱衣裳的香……微波泛滥出甜的暗香",有的说好听些,只是臭豆腐似的或浓或淡,南京人自嘲为"臭美"。船外滞重到泛黑的水,使人怎么也不敢揭面前小几上茶碗的盖。所以,有勇气做这"画舫游"的,就一定是不知内情又不解风情的外地客了。[①]

右岸临河的房子窗子大开,亮着晃眼的灯光,散射到水面上,七板子在光里行走,两个友人知道要上岸了,心里充满一缕失落。

---

① 薛冰著:《家住六朝烟水间》,第31页,上海:上海古籍出版社,2000年版。

# 白马湖的日子

1930 年 7 月 14 日，北平酷暑的季节，黏热的空气凝滞不散，树上的叶子纹丝不动，蝉叫声一阵阵地扑来。人们在燠热中经受热的煎熬。朱自清来到北方几年，这种不讲理的闷热，让人承受不住。手中摇动的芭蕉扇，摆来的风热乎乎的。今天终于等来一场雨，清脆的雨滴声，滋润干燥的土地，挟来清爽的风，使人摆脱热的困境。及时雨清除凝固的暑气，朱自清面对窗外的雨，忆起第一次去白马湖、微风吹拂的春日。

白马湖的原名字叫渔捕湖，民间口耳相传，虞舜避丹朱到上虞，曾经来这里打过鱼。北朝北魏地理学家郦道元，在他的地理学著作《水经注》中记载白马湖得名之由说："白马潭，潭之深无底。传云创湖之始，边塘屡崩，百姓以白马祭之，因以名水。"白马湖在甬绍铁道的驿亭站南边，是个极小的乡下。

白马湖不是圆周的形状，从西北向东南呈长条形，数条小水汊串在一起。湖边幽静素雅，没有人破坏自然环境，万物自生自灭，充满野性情趣。湖水清澈，波光粼粼，水产丰富，养育岸边的人家。逢旱无雨的年份，夏季缺水，别处的湖长满野草，白马湖水盛鱼肥、清澈如故。白马湖最大的水面，就是朱自清屋门前那一个。那个湖有灵气，入口处被两座山夹住，湖外面碧波微微，通过两山峡口眺望，可见一大片水域。湖的尽头处，坐落一个叫作西徐岙的村落，有三四十户人家，村中大多数人家姓徐。村子与外界被湖水隔断，交通十分不便利，来往进出依靠水中的船。自从湖边建立春晖中学，造了一些房子，修筑两座小木桥，铺了一条煤屑路，直接通往驿亭车站。小木桥、煤屑路，形成交通要道，改变人们进出的习惯和方式，由于环湖而筑，蜿蜒曲折。路上平常很少看到人，走在如画风景中，尤其细雨的春天，不会感受寂寞。

1924 年 4 月 12 日，春天的夜晚，朱自清写下《春晖的一月》：

> 走向春晖，有一条狭狭的煤屑路。那黑黑的细小的颗粒，脚踏上去，便发出一种摩擦的噪音，给我多少轻新的趣味。而最系我心的，是那小小的木桥。桥黑色，由这边慢慢地隆起，到那边又慢慢的低下去，故看去似乎很长。我最爱桥上的栏干，那变形的纹的栏干；我在车站门口早就看见了，我爱它的玲珑！桥之所以可爱，或者便因为这栏干哩。我在桥上逗留了好些时。这是一个阴天。山的容光，被云雾遮了一半，仿佛淡妆的姑娘。但三面映照起来，也就青得可以了，映在湖里，白马湖里，接着水光，却另有一番妙景。我右手是个小湖，左手是个大湖。湖有这样大，使我自己觉得小了。湖水有这样满，仿佛要漫到我的脚下。湖在山的趾边，山在湖的唇边；他俩这样亲密，湖将山全吞下去了。吞的是青的，吐的是绿的，那软软的绿呀，绿的是一片，绿的却不安于一片；它无端的皱起来了。如絮的微痕，界出无数片的绿；闪缮缮缮的，像好看的眼睛。湖边系着一只小船，四面却没有一个人，我听见自己的呼吸。想起"野渡无人舟自横"的诗，真觉物我双忘了。

153

好了，我也该下桥去了；春晖中学校还没有看见呢。弯了两个弯儿，又过了一重桥。当面有山挡住去路；山旁只留着极狭极狭的小径。挨着小径，抹过山角，豁然开朗；春晖的校舍和历落的几处人家，都已在望了。远远看去，房屋的布置颇疏散有致，决无拥挤、局促之感。我缓缓走到校前，白马湖的水也跟我缓缓地流着。我碰着丏尊先生。他引我过了一座水门汀的桥，便到了校里。校里最多的是湖，三面潺潺的流着；其次是草地，看过去芊芊的一片。

春晖学校创办不长时间，大家为上虞的第一所中学取名字，费尽心思。有一天，天气不错，大自然吸引人漫游。夏丏尊邀请经亨颐抛开所有的事物，一同畅游白马湖，借此商定校名的事。湖水清静，潺潺的水流声，宛如落玉盘的珍珠，夏丏尊动情地说：

> "我对家乡的第一所中学很有感情，特地从长沙跑来任教，今天一定要吟首好诗，对出一个好校名来。"船到湖心，夏丏尊偶然低下头去，看见了水中的山影、人影、树影、船影都随波微动，顿觉春意浓浓，于是吟出苏东坡《和文与可洋川园池三十首·寒芦港》中的诗句"溶溶晴港漾春晖，芦笋生时柳絮飞"。经亨颐略微思索，马上以戴叔伦《过柳溪道院》中的"溪上谁家掩竹扉，鸟啼浑似惜春晖"作答，就这样，"春晖"两字便成了这所乡间中学的校名。另外，"春晖"含有"春澜之晖"的意思。①

---

① 王利民著：《平屋主人——夏丏尊传》，第86页，杭州：浙江人民出版社，2005年版。

1924 年，新创办的春晖中学，教师队伍不健全，缺乏人才。夏丏尊凭借教育界的影响，请在宁波四中任教的朱自清到春晖兼课。白马湖的秀美风光，他在宁波听很多朋友介绍过，适应读书人生活的好地方。读书人自然乐山乐水，到大自然的怀抱中，修复一颗漂泊的心，还能为家庭增加收入。他接受夏丏尊的邀请，于 3 月 2 日来到春晖中学。

这一次不虚此行，朱自清在春晖做兼职教师，只教了 1 个月的书。他因为在宁波四中任教，新环境中待了 15 天。短暂的时间里，他对"春晖"两个字产生好感，学校在山清水秀中，同事之间的交往，少了很多难缠的人事。人与人坦诚相待，不需提心吊胆相互防备。

春晖承接五四精神，不是沿袭旧的教育模式，积极推行全新的方法，采用新的教材，主张民主和平等，师生之间真诚团结融洽。朱自清四处漂泊，去过多所学校教书，初到一个地方，总是要摆平人际关系。新办的学校，校的风气正，没有乱七八糟的东西。这样的氛围中工作，人的心情舒展，不需要顾忌什么，可以按照自己的思路做。

师生和睦相处，不分地位高低，无太多的条条框框。学生不受压制快活地成长，团结活泼有生气。

1924 年 9 月，江浙的多事之秋。9 月 3 日，直系江苏和皖系浙江军阀打起内战，福建的直系军阀出兵平阳，企图取道温州，偷袭击浙江皖系军阀的大后方，支援江苏的直系军阀。不祥的消息，犹如一场风暴前的阴云，大祸来临，温州全城不能安宁，人们为之震动。朱自清身在宁波，阅读报纸中得知危险的信息。家里没有一封来信，他急切地等待，心中烦躁不安。1924 年 13 日，这一天是传统的中秋节，夜里远在他乡，独自枯坐书房，守着一盏孤灯。想着自己几年的漂泊，社会上的风云动荡，复杂的心境下，随口吟出一首诗：

万千风雨逼人来，

世事都成劫里灰。

秋老干戈人老病，

中天皓月几时回？


诗中表达朱自清的苦闷，人间何时看不到战火、人民可以安居乐业？中秋节没有亲人的团聚，眼前一片茫然。

1924 年 9 月 16 日，朱自清接到夏丏尊从春晖的来信，校方喜欢他的教学能力，真诚商讨"计划吃饭方法"，请他速来春晖中学。信中的言辞，朱自清明白春晖聘请的意思。9 月 23 日，接信后的朱自清，专程前往白马湖。夏丏尊在家中设便宴，款待他的到来，同时校方通知他，决定正式聘用。

平屋主人夏丏尊，为人做事率真俭朴、生性耿直，"看见世间的一切不快、不安、不真、不善、不美的状态，他都要皱眉。"学校依湖而建，周围自然湖多，三面被水包围，流水声在耳边响起，眼睛中装满水。大地上野草蔓延，由于水分充足，看上去水灵灵的精神。

文人爱山爱水，不管生活多么艰苦，浪漫的诗性，让人度过一段快乐的时光。夏丏尊依山恋水，盖了几间瓦屋，图纸自己设计，依照日本建筑风格布局。拉门将屋中间隔开，一分为二，前面成为会客的地方，后面一间做书房。屋子没有豪华装修，材料取自当地，苦中作乐，他为它起了好的名字"平屋"。"平"是寻常的意思，它是普通人居住的屋子，平常小屋在春晖变成朋友们聚会的场所。丰子恺是浙江崇德县石门湾人，他和朱自清同岁，也是夏丏尊介绍过来，教音乐、美术，兼任英文教员。丰子恺为人随和，迷恋绘画，他喜爱这里的风光，按日本格式打造自己的小屋。他用绘画的眼光看待生活，喜爱春天枝丫拱出鹅黄的嫩柳，便在自家的门前，种上

《春晖》 丰子恺 作

1925 年，朱自清与长子朱迈先、长女朱采芷在春晖中学。

《人散后，一钩新月天如水》 丰子恺 作

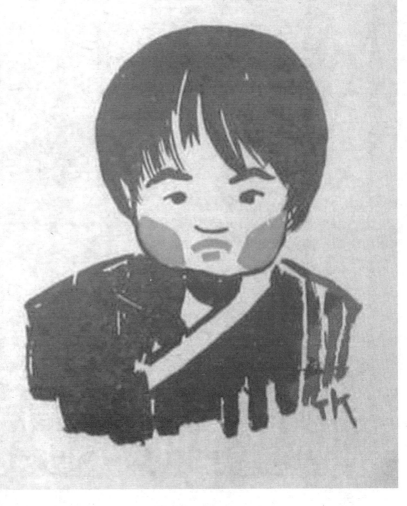

《丫头四岁时》 丰子恺 作

一棵柳树，为此起名"小杨柳屋"。朱自清全家搬来后，住的是刘勋宇原来盖的小屋，它与夏丏尊的家毗邻，两家的院子，相隔一道不高的矮墙，"小杨柳屋"与"平屋"相映成趣。

夏丏尊爱种花草，家中的摆设讲究，不大的小屋充满艺术的气氛。墙上挂一幅画，摆上一盆花，院子里种一棵树，一走进他家的院子，看了十分舒服。朱自清一有空闲，常到隔壁的夏家串门，看他夏丏尊拿着剪刀，一点点地修枝。不然提着水壶，为一盆盆花浇水，水湿润叶子。朱自清爱花的嗜好，始于白马湖：

> 我爱白马湖的花木，我爱S家的盆栽——这其间有诗有画，我且说给你。一盆是小小的竹子，栽在方的小石盆里；细细的干子疏疏地隔着，疏疏的叶子淡淡地撇着，更点缀上两三块小石头；颇有静远之意。上灯时，影子写在壁上，尤其清隽可亲。另一盆是棕竹，瘦削的干子亭亭地立着；下部是绿绿的，上部颇劲健地折着几片长长的叶子，叶根有细极细极的棕丝网着。这像一个丰神俊朗而蓄着微须的少年。这种淡白的趣味，也自是天地间不可少的。

朱自清酒量不大，喜欢喝两杯，和朋友借酒畅谈。夏家院子中有一棵紫薇，夏丏尊常邀朋友聚在下面喝酒。朱自清在回忆中说："他有这样好的屋子，又是好客如命，我们便不时上他家里喝老酒。丏翁夫人的烹调也极好，每回总是满满的盘碗拿出来，空空的收回去。"

朱自清与丰子恺年龄相仿，性情相似，说话谈得来，他时常去小杨柳屋做客。屋子举架不高，天花板几乎压到头上，他们欣赏日本竹久梦二的漫画集，交流对画的感受。小客厅的墙上，贴满丰子恺的杰作。朱自清倒背双手，站在画前，一幅幅地观看。他发现丰子恺的画，有自己的独特风格，即承接传统，又有新的突破。丰子恺的画不很大，简单的几笔越看越有韵味，他对自己的感觉充满信心，对丰子恺说道："你可以和梦二一样，将来也印一本画集。"

有一天，朋友们聚会时，借着酒兴，丰子恺给朱自清女儿阿菜画了一幅画，夏丏尊兴致很高地提笔，在画上题字："丫头四岁时，子恺写，丏尊题。"画的线条自然流畅，夏丏尊的字也好，这幅画的意义不同，朱自清爱不释手。他后来出版散文集《背影》，作为其中的插页。

他们是好朋友。朱光潜在学校任英文教师，他比朱自清小一岁，个头两人差不多高，性格情趣相似。朱光潜敬重朱自清，他在一段文字中说："当时朱自清教国文，学校范围不大，大家朝夕相处，宛如一家人。朱自清、夏丏尊、丰子恺都是爱好文艺，我于无形中受了他们的影响，开始学习写作。我的第一篇处女作《无言之美》就是在他们的鼓励下写成的。"一个文学流派的形成，不仅因为地缘的关系，重要的是文心至性，有共同的情趣和美学思想的指导。

1930年7月，朱自清回忆在白马湖的日子，离开它在一个冬日，夜晚的告别宴上，"有丏翁与云君，我不能忘记丏翁，那是一个真挚豪爽的朋友。但我也不能忘记云君，我应该这样说，那是一个可爱的——孩子。"

平屋主人夏丏尊，热爱山清水秀的白马湖，他散文中写出内心的情感：

> 那里的风，差不多日日有的，呼呼作响，好像虎吼。屋宇虽系新建，构造却极粗率，风从门窗隙缝中来，分外尖削，把门缝窗隙厚厚地用纸糊了，缝中却仍有透入。风刮得厉害的时候，天未夜就把大门关上，全家吃毕夜饭即睡入被窝里，静听寒风的怒号，湖水的澎湃。靠山的小后轩，算是我的书斋，在全屋子中风最小的一间，我常把头上的

罗宋帽拉得低低地，在洋灯下工作至夜深。松涛如吼，霜月当窗，饥鼠吱吱在承尘上奔窜。我于这种时候深感到萧瑟的诗趣，常独自拨划着炉灰，不肯就睡，把自己拟诸山水画中的人物，作种种幽邈的遐想。现在白马湖到处都是树木了，当时尚一株树木都未种。月亮与太阳都是整个儿的，从上山起直要照到下山为止。太阳好的时候，只要不刮风，那真和暖得不像冬天。一家人都坐在庭间曝日，甚至于吃午饭也在屋外。像夏天的晚饭一样。日光晒到哪里，就把椅凳移到哪里，忽然寒风来了，只好逃难似的各自带了椅凳逃入室中，急急把门关上。在平常的日子，风来大概在下午快要傍晚的时候，半夜即息。至于大风寒，那是整日夜狂吼，要二三日才止的。最严寒的几天，泥地看去惨白如水门汀，山色冻得发紫而黯，湖波泛深蓝色。

下雪原是我所不憎厌的，下雪的日子，室内分外明亮，晚上差不多不用燃灯。远山积雪足供半个月的观看，举头即可从窗中望见。可是究竟是南方，每冬下雪不过一二次。我在那里所日常领略的冬的情味，几乎都从风来。白马湖的所以多风，可以说有着地理上的原因。那里环湖都是山，而北面却有一个半里阔的空隙，好似故意张了袋口欢迎风来的样子。白马湖的山水和普通的风景地相差不远，唯有风却与别的地方不同。风的多和大，凡是到过那里的人都知道的。风在冬季的感觉中，自古占着重要的因素. 而白马湖的风尤其特别。①

---

① 夏丏尊著：《白马湖之冬》，原载《白马湖之冬》，第62页，南京：江苏文艺出版社，2009年版。

白马湖的一年四季，各有不同的风格。平屋主人夏丏尊的冬天，笔下的每一个文字，都是带着白马湖的性格。朱自清和他截然相反，认为春日自然最好，山上的绿浓得化不开，似乎滴落下来。湖中的水势旺盛，倒映两岸的青山草木。那条小路的两旁，种着不成年的桃与杨柳，一棵棵地相挨。小桃树上缀着几朵红花，春日里分外艳丽。柳树是春的符号，它的身上可以读出春的信息。暖风摇曳枝条，垂拂的枝条，画出大写意的画。走在这路上，偶尔听见火车的笛声，尖锐的鸣叫，打破尖湖边的恬静。夏天洒落的月光，映得湖水朦胧一片，湖中划一条小船，盛着一朵朵月光，在湖中慢慢地划，从这里向岸上望去，视角发生变化，人的感觉完全不一样。"像是蜃楼海市，浮在水上，迷离恍惚的；有时听见人声或犬吠，大有世外之感。"如果是没有月光的夜，数不清的萤火虫，犹如一盏盏的小灯笼，在大地上飘动，弄得人眼花缭乱。水声、小船、萤火虫和游人，构成美妙的图画。

朱自清喜欢白马湖畔的春晖，随着工作和生活的深入，对这里的认识，越来越深透，真实的情况，不似校外的美丽风光，远比他看到的复杂得多。春晖是一所新办的学校，有一伙志趣相投的同仁好友，但它是大时代的小背景，新旧思想的冲突，暗地里冲撞，只是没有找到合适的突破口。

天气一天天转冷，白马湖上刮来的风，让人感受到冷意。

根据黄源先生的回忆，他到白马湖的时候。匡互生还没有来到春晖中学，只是到了开学后的某一天，匡互生才出现在同学们的面前，而且是在食堂里，一起吃晚饭的时候。匡互生与学生一起吃饭，这在学生中引起了很大的反响："这确实是奇迹。哪有先生和学生一起用餐的？匡互生和学生在学生食堂一起用餐，这事轰动了全校。师生间的一道鸿沟一下子冲破了！从此同学们也异样地看待他，亲切地靠拢他。"这是黄源在《"最使我感激、给我鼓励的"老师匡互生》一文中说的。他还在这篇文章中介绍说，作为训育主任，原以为他总是要训人的——这是他的职责，但是匡互生从来不训人。他心里对匡互生的感觉，"五四时代在火线上斗争的英雄气概，在青年面前已化为慈母般的亲切体贴。"这样的一位先生，他在学生心目中的地位就可想而知了。

这年冬天，所谓的"毡帽事件"使春晖中学校园内部的不协调的暗流终于化成了风波大浪。

一天清晨上早操的时候，黄源头上戴了一顶连他自己也忘了从哪里买来的黑色毡帽（浙江绍兴、上虞一带颇为流行戴毡帽。黄源后来才知道这就是那种范爱农在辛亥革命后上鲁迅家去"戴着农夫常用的毡帽"）。出现在学校的操场上，他的这一举动，在同学中并未引起好奇，可体育老师看到后，即怒斥，并勒令其将毡帽除去。于是，师生间便有了如下一段争执：

"戴着并不妨害上早操。"

"我说不准戴就不准戴！"体育教师的口气更加坚决。

"校章上并没有规定学生不准戴毡帽上早操。"

"不管校章有没有规定，在我的早操课上，就不准戴毡！"

这次争执的结果，是学校当局要对黄源作记过或开除的处分。

在这种情况下，训育主任匡互生站出来替黄源说话了，以为学生行为上的不慎，应该以教育为主，不能简单地用记过、开除一类的行政压制手段。然而，学校行政决意要处分黄源。原已对此地抱失望态度的匡互生这时终于感到再没有什么理可跟这班人讲了，于是愤然辞职。此后校园里的空气顿然紧张起来，学生罢课，教师辞职，春晖已非昔日的春晖；白马湖也非昔日的白马湖了。[①]

朱自清在春晖，结识另一位朋友，老家是湖南的匡互生。他教数学的同时，兼职训育主任。他的思想比较激进，对人热情大方，愿意帮助人，曾经参加过辛亥革命，后来考入北京高等师范学校教育系读书。五四运动他率先打进曹宅，英勇无畏。在工作和生活中，作风民主，平易近人，过着朴素的日子，朱自清对他非常敬佩。匡互生和丰子恺站在学生一面，支持他们的合理请求。一些守旧派的教员，对新思想和教学方式看不惯。早想打击民主作风，趁打压学生的活动，借此攻击那些思想激进的教师。

1933 年 4 月 22 日，匡互生病逝于上海。悲痛中的朱自清，于1933 年 5 月 12 日，写了一篇《哀互生》，怀念昔日的朋友：

> 三月里刘薰宇君来信，说互生病了，而且是没有希望的病，医生说只好等日子了。四月底在《时事新报》上见到立达学会的通告，想不到这么快互生就殁了！后来听说他病中的光景，那实在太惨；为他想，早点去，少吃些苦头，也未尝不好的。但丢下立达这个学校，这班朋友，这班学生，他一定不甘心，不瞑目！
>
> 互生最叫我们纪念的是他做人的态度。他本来是一副铜筋铁骨，黑皮肤衬着那一套大布之衣，看去像个乡下人。

---

[①] 陈星著：《白马湖作家群》，第 138～139 页，杭州：浙江文艺出版社，1998 年版。

他什么苦都吃得，从不晓得享用，也像乡下人。他心里那一团火，也像乡下人。那一团火是热，是力，是光。他不爱多说话，但常常微笑；那微笑是自然的，温暖的。在他看，人是可以互相爱着的，除了一些成见已深，不愿打开窗户说亮话的。他对这些人却有些憎恶，不肯假借一点颜色。世界上只有能憎的人才能爱；爱憎没有定见，只是毫无作为的角色。互生觉得青年成见还少，希望最多；所以愿意将自己的生命一滴不剩而献给他们，让爱的宗教在他们中间发荣滋长，让他们都走向新世界去。互生不好发议论，只埋着头干干干，是儒家的真正精神。我和他并没有深谈过，但从他的行事看来，相信我是认识他的。

朱自清写悼文时，眼前出现朋友的影子。匡互生的愤然辞职，无疑是一场狂风暴雨的袭来，给了全校师生们极大的震动。匡互生走出校门，沿着湖边的煤屑路，往驿亭火车站走去。送别的同学们跟在身后，一边走一边流泪，情绪难以平静。回到学校后，不知什么人提出罢课，学校当局不肯屈服，立即采取相对的策略，宣布提前放假，师生陆续离开校园。事情越闹越大，学校迫不得已地提前放假。

春晖中学不是实现理想的地方。匡互生、夏丏尊、丰子恺、朱光潜、刘熏宇等人离开春晖，告别美丽的白马湖。文化学者朱惠民在研究中指出：

> 夏丏尊先生廾蠡不乐意离开春晖园的，这里的灵山秀水、风土人情、生活环境，对于一个散文作家很相宜的。尽管他对人生所抱愤世嫉俗的态度。他在春晖时，平屋大门上自撰一联云："青山绕户，白眼，白眼人，眼看人"，

1921年秋，朱自清在扬州八中与友人合影，二排右一为朱自清。

1924年，朱自清在春晖中学与友人。

便是极好的佐证。后来又因为他的教育理想难申，于是，在 1925 年的一个晓风残月的早晨，夏先生带着简单的几件行李，忍痛告别了"平屋"和春晖中学。有几个最早得悉信息的学生为他送行。临上火车时丏师从月台的梧桐树上折下一枝桐枝，插在一只随身携带的瓶皿里，强颜欢笑地对相送的学生们说："我要把它带至上海，种活它，它会像你们一样茁壮成长。"①

失去众多的朋友，朱自清变得心灰意冷，也有离开的意思。他勉强在春晖维持半年。失望的时候，他在给俞平伯的信中说：

> 我颇想脱离教育界，在商务觅一事，不知如何？也想到北京去，因从前在北京实在太苦了，真是白白住了那些年，很想再去仔细领略一回。如有相当机会，尚乞为我留意。

1925 年 8 月，暑假后俞平伯的推荐有了结果，朱自清被聘为清华大学中文系教授。

朱自清将一家五口留在白马湖，独自一人赶往北京报到。

1927 年 1 月，他又把滞留白马湖的眷属接到了北京。

---

① 朱惠民著：《夏丏尊先生与春晖中学》，原载《浙江共产党员》，1986 年 3 期。

# 哈尔滨印象杂记

1931年8月22日，朱自清和李健吾结伴同行，由北平动身出发，24日到达北国的哈尔滨。以前很早听说过这里的风土人情，是个有趣的地方，他记下对哈尔滨的印象。

哈尔滨是女真语"阿勒锦"转译而来，"名誉，声誉，声望"，最早始见于《金史·本纪二》"军还，穆宗亲迓太祖于阿勒锦村"。哈尔滨依临松花江，人文历史记载，它是从来没有修建过城墙的城市。这里曾经是肃慎和女真生活的地方，到后来是金、清两代王朝的发祥地。几千年以降，满人、达斡尔人、鄂伦春人、鄂温克人等少数民族，绕水而居，在这里休养生息。由于地理的因素，"1895年俄国人溯松花江秘密考察。果科沙依斯基绘制了松花江两岸目测图。图中标出'哈阿滨'，哈阿滨烧锅等几十处村庄。"[1]

---

[1] 哈尔滨建筑艺术馆编：《哈尔滨旧影大观》，第3页，哈尔滨：黑龙江人民出版社，2005年版。

1931 年 8 月 25 日，朱自清游览松花江太阳岛。

哈尔滨秋林洋行

Sign a declaration renouncing the American aid and denouncing the declination of the American flour. This means a cut of six million dollars income this month.

After a day consideration this afternoon, decide resolve that I am right in signing the declaration. Because we are against the American policy to support Japan and it appeal to the direct execution (me, in spirit), we should take up the responsibility. Give a dinner party for these people who are leaving for America. Met Mr. 许宝骙 this morning. He is rather vulgar. Do like his brother.

十五日　土　晴　×

待遇は 41 k.g. である。数部を射信するのに参考するもので
ある。午後二宮氏は出席したと云え、侍算部は国新であり、
それに対する一般的末行動は必要的でまいと自信する。再び
軽料方の侍群と作を拒めるものである。

20th San Rise 0

朱自清坚持每天用中英日三种语言写日记

哈尔滨老火车站

哈尔滨街头景观

当时哈尔滨分道里、道外、南岗、马家沟四大部分。马家沟是新开辟的区，南岗区清朝为阿勒楚喀副都统下辖，1898 年，沙俄修筑中东铁路，此地形成街市。南岗是住宅区，当初俄国人参与设计，据说建筑有异国的风格。朱自清感到可惜，他们去的时候，是一个看不到月亮的晚上。哈尔滨人喜欢"道外"加上"老"字，一字之差，说出它的历史。早在 12 世纪初，即有道外区的江北万宝镇后城村，这个地址是金代时的首都上京会宁府，后来改为阿城，是屯粮积草的军粮城。江南岸的道外城区，那个年代是放牧的草场，打鱼的滩头地，人们习惯叫它"马草甸子"，清朝作为满族的发源地，不允许汉族人来居住。道里就是另一种风格，它是中国式的街区，朱自清和友人走了十几分钟。他认知的哈尔滨是道里，也是此行住的地方。虽说是中国人居住的社区，感受不到中国味儿。街上尽是俄国人，女人比哪儿都多。朋友说道里住的俄国人不多，大概只有十几万，中国人有 30 多万。俄国人喜欢出来逛街，街上满眼是俄国人。黄昏时分，如果在南岗秋林洋行前面走过，那里人挤人、人拥人地十分热闹。

这里的外国人不像上海的英美人在中国人之上，可是也并不如有些人所想，在中国人之下。中国人算是不让他们欺负了，他们又怎会让中国人欺负呢？中国人不特别尊重他们，却是真的。他们的流品很杂，开大洋行小买卖的固然多，驾着汽车沿街兜揽乘客的也不少，赤着脚爱淘气的顽童随处可见。这样倒能和中国人混在一起，没有什么隔阂了。也许因白俄们穷无所归，才得如此；但这现象比上海沈阳等中外杂居的地方使人舒服多了。在上海沈阳冷眼看着，是常要生气、常要担心的。

哈尔滨的人都会说几句俄语，即使街头卖扫帚的小商贩，拉洋车的车夫。街市的繁华不同于北平，各家大商店，上午9点到中午12点营业，1点钟至3点休息。3点再开始营业，5点便关上门歇业。晚上各家店铺打开电灯，窗子投出耀眼的光芒，装点夜的街市。夜色的神秘，散发诱人的气息，打扮得漂亮的男女，竟然比白天多。哈尔滨的俄国人与街有不解之缘。街道两旁散落的长椅，旁边没有树荫遮掩，俄国人坐在那儿，什么也不干，就是为了消遣。街中有小花园，围起低矮的栅栏，不少人在里面散步。

1927年，诗人冯至从北京大学毕业，前往哈尔滨广益中学执教。远离亲人和朋友，陌生的地方寂寞无比，他在《北游及其他》序中写道：

> 那座城对我太生疏了，所接触的都是些古怪的人干些非常古怪的事，而自己又是骤然从温暖的地带走入荒凉的区域，一切都没有准备，所以被冷气一袭，便手足无措，只是空空地对着几十本随身带来的书籍发呆，可是一页也读不下……①

哈尔滨是朱自清在国内的最后一站，再走就过了国境线。难得有心情闲逛。他和友人开心地游玩，去了公园。公园的面积似乎是北平的中山公园，布置的格局不同。里面有许多花坛，各色品种的花，拼成对称的图案，入口处草编的两个狮子蹲伏着，不失威猛之势。身上披满嫩草，比一般的真狮子大。园内有小假山，流水盘绕精致的亭子，曲折的小桥。桥的造型是外国风格，以玲珑取胜。水中有很多船，游人可以租船，园内有水有山，岸上的游戏场所，吸引来

---

① 冯至著：《昨日之歌》，第282页，珠海：珠海出版社，1997年版。

客的兴趣。茶座、电影、电气马等娱乐项目。放映连场电影，朱自清觉得好奇，事后才知道，这是外国流行的办法。他们去的那天上映《西游记》，不知别处会演些什么好片子。

公园和别的地方相反，晚上人也是多。俄国女人自由大方，她们站成一排散步。不是一两个，长度等于路宽，经常是两排列队走。

哈尔滨的石头多，很多的路面由石块铺筑。可能与地域有关，个别人说得有道理。石头不易吸路上的尘土，不采用柏油铺，因为冬季长、天气太冷的因素。不管有没有理论根据，路面上尘土少是真的。朱自清来到北国边陲，走在石块铺的街上，尘土要比北平少。汽车行驶石路上，跑起来平稳，满街尽是车子，随便一扬手，它停在面前，这和北平洋车一样。相反这儿洋车少，价格相对比较贵，几毛钱能坐汽车。朱自清感到新鲜，开车的司机大多是俄国人，开得极其平稳，不管拐弯、倒车都不让乘客担心。

巴黎伦敦自然有高妙的车手，但车马填咽，显不出本领；街上的 Taxi 有时几乎像驴子似的。在这一点上，哈尔滨要强些。胡适之先生提倡"汽车文明"，这里我是第一次接触汽车文明了。上海汽车也许比这儿多，但太贵族了，没有多少意思。此地的马车也不少，也贱，和五年前南京的马车差不多，或者还要贱些。这里还有一样便宜的东西，便是俄国菜。我们第一天在一天津馆吃面，以为便宜些；哪知第二天吃俄国午餐，竟比天津馆好而便宜得多。去年暑假在上海，有人请吃"俄国大菜"，似乎那时很流行，大约也因为价廉物美吧。俄国菜分量多，便于点菜分食；比吃别国菜自由些；且油重，合于我们的口味。我们在街上见俄国女人的胫疯肥的多，后来在西伯利亚各站所见也如此；我们常说，这怕是菜里的油太重了吧。

20世纪60年代的太阳岛

不去看松花江，等于没有到过哈尔滨。江中有太阳岛，夏天的游客很多，有的一家人去。来到太阳岛上，自然围绕水做文章，下到水中游泳，再就是租一条船划。"太阳岛"不是乱叫出来的，它是满语鳊花鱼的语译。满语中鳊鱼有三个品种，叫法也有区别，普通的鳊花称"海花"，黑鳊花叫作"法卢"，再就是圆鳊花，被称作"太宜安"，它与"太阳"十分相似。人们取太阳吉祥的意思。另外岛内的坡岗多洁净的细沙，阳光下炽热夺目，两种意思组合在一起，被叫作太阳岛。

　　20世纪初，随着中东铁路的开发，大批外国侨民齐涌哈尔滨。他们在陌生的土地，必须有休闲的地方，发现自然条件好，环水的太阳岛是避暑胜地，适合修建度假的别墅。外国侨民在岛上，创建异国风情，携带家口在此烧烤、野餐、唱歌、跳舞、游泳，构成异国情调的生活习俗。

　　朱自清踏上太阳岛，不大喜欢这个地方，卫生环境差，一点不整洁。他们来得不是时候，想下水游泳未带泳衣。朱自清和徐君同去，他们租一条小船，坐在上面，招来一个游动照相的人，朱自清划船照了一张相。"岸边穿着游泳衣的俄国妇人孩子共四五人，跳跳跑跑地硬挤到我们船边，有的浸在水里，有的爬到船上，一同照在那张相里。"

　　小船从太阳岛划行到道外，朱自清摸过船桨，他在北平三海，划过几个来回。船夫掌握船的方向，调整朱自清走的线路。这种桨不是传统样式，是舶来的西洋货，长长的桨片很薄，架在小铁叉上，稳当又灵活。江上水流平稳，又没有纠缠的萍藻，船行走得顺利。

　　朱自清和友人度过愉快的下午，第二天他们便启程，离开哈尔滨，踏上去西伯利亚的火车。

# 游记西山名寺

对于潭柘寺、戒坛寺的认识，朱自清完全是书本上的知识。他读商务印书馆的《北平指南》，上面文配图。图印得不清晰，牛眼一般大小，模模糊糊的一片，看上去没有感觉。

许多人说起两座庙，说法不一，总有神秘色彩。一些人说路上不安全，也有人说红叶特别美。他们各持自己的观点，劝朱自清秋天去，天高云淡，是踏秋赏红叶的好季节，另一派的人动员夏天游行。

有一次，朱自清租了一头驴，上八大处游玩。赶驴人热情地问，原来逛过潭柘没有，他回答没有。赶驴人口气一变，他说潭柘风景好，就是偏远点。到那里去过几次，走的是老路，距离八大处，大约七八十里地，坐轿子骑驴都成。朱自清不知为什么，不喜欢老道的那套行头，而且留着的长头发，看上去不舒服。骑一头驴走七八十里地，这么长的一段路程，人和驴都承受不了。对他诱惑最大的是"潭柘寺"，单从名字上看，就已经有想法。

这才认真打听去过的人。有的说住潭柘好，有的说住戒坛好。有的人说路太难走，走到了筋疲力尽，再没兴致

北京潭柘寺

玩儿；有人说走路有意思。又有人说，去时坐了轿子，半
路上前后两个轿夫吵起来，把轿子搁下，直说不抬了。于
是心中暗自决定，不坐轿，也不走路；取中道，骑驴子。
又按普通说法，总是潭柘寺在前，戒坛寺在后，想着戒坛
寺一定远些；于是决定住潭柘，因为一天回不来，必得住。
门头沟下车时，想着人多，怕雇不着许多驴，但是并不然
——雇驴的时候，才知道戒坛去便宜一半，那就是说近一
半。这时候自己忽然逞起能来，要走路。走罢。

这段路不是城市的马路，宛如干涸的河床，无论如何找不出一
点空地。脚下不顺畅，磕磕绊绊，弄得人心烦意乱。顶着当空的太阳，
没有树木的阴地，地上光秃秃的碰不到野草。这一带有历史原因，
原来是一些煤窑，往来不断的拉煤大车，将路面碾压得结实，不可
能有生命存在，空气中弥漫煤屑的灰尘，暗淡的深灰色，叫人看了

透不出气来，使土地都变色。路况极其恶劣，朱自清的身体承受不住，到了绝望的边缘。他怕没有往前走的能力。关键的时候，幸好从山上下来一头驴，他不管价格，雇上走到目的地。

朱自清骑驴不稳当，有驴夫牵着走，野外的风特别大，吹得他要掉下的感觉。山路狭窄，下面一段是斜坡，原本从西边走，驴夫看到风力太大，把驴拉上东路，看似不顶风了，有几次几乎将驴吹倒。朱自清苦中自乐，想起古人风雪中骑驴图，充满浪漫的色彩，自我安慰地说，那不会是上潭柘寺。按理说一个诗人，骑在驴背上寻古探幽，应该多的是诗意。朱自清忙不过来，骑在驴上怕掉下去，还要护住帽子和眼镜，不让风吹跑。他有风泪眼的毛病，遇到风就流泪。

东边凸起的山峰，锯齿形嵌在天边，它起到屏风作用。路更加难走，骑在驴上受罪，驴走得艰难。朱自清经过一阵休整，精神好多了，路颠簸不好走，正好从驴上下来，活动一下腰身。他不服气的样子，总想超越驴。山势险恶，怪石突兀，彰显山的性格。朱自清跟着驴，走到潭柘寺的后门，看着雇主步行，驴夫不好意思地说："咳，这不过给您做个伴儿！"

"先有潭柘，后有幽州"，这是北京人常说的一句话，可见潭柘寺历史的悠久。潭柘寺始建于晋代（265年—316年），原名嘉福寺，后改名龙泉寺、万寿寺、岫云寺等。因寺后有"龙潭"，山上有"柘树"，所以人们叫它潭柘寺。

潭柘寺位于京西门头沟的崇山峻岭之中。在潭柘寺的山门前，人们首先看到的是一片苍劲的古松。

这些古松有几百年的历史。全寺主要建筑有天王殿，殿内有四大天王像和弥勒佛像。还有大雄宝殿，这是寺内正殿，坐落在白玉石的基座上。正殿东侧有一棵银杏树，高十多丈，相传是辽代种植，距今已近千年，被封为"帝王树"。殿后为三圣殿，再后是毗卢阁，是寺内最高点。毗卢阁往西有观音殿，殿内保存有妙严公主拜砖的遗迹。妙严公主是元世祖忽必烈的女儿，在此出家。由于她朝夕膜拜，日久天长，她所站的一块砖潭柘寺山门。[①]

看到墙外的竹子，密实又粗壮，北平的山中遇到竹子，实在是件不易的事。走过一道角门，两根粗竹子靠在墙边上，朱自清注视它们，骨节突出的竹子，可以称为"天外飞来之笔"。

房脊上有两个琉璃瓦的鸱吻。有一个神话传说，"殿基本是青龙潭，一夕风雨，顿成平地，涌出两鸱吻。"不经过时间的风雨，它们与神话的境界不相符，现在看的只是形式。两个鸱吻做得形神兼顾，还是值得一看，阳光映在上面，涂抹一层神性，四条黄铜链子显出威严。

寺里有数间殿堂，一层层向上升，走起来有些吃力。每个殿大小面积不一样，塑像安放的位置讲究，不是随意摆设。参观完以后，回味中觉得博大精深。

正殿下的延清阁，是接客待人的地方，从窗子向外张望，连绵起伏的群山，犹如一条盘踞的长龙。一阵阵清新的空气，夹着野草的清香挤满窗口。屋子的结构布局合理，人在里面走来穿去，数不清有多少间。可惜大多空闲，很少有人进，尘土封盖不扫。寺门前横着一道深沟，上面有一座小石桥。由于季节的原因，那时没有山水，如果要是现在去，还能听到清脆的水声。桥边生长着四棵马尾松，枝叶交织，覆下一片绿荫。西边的小山上，有一个古观音洞。洞没有什么可看，登半山腰时，能看到潭柘的侧面。从这里往下看，

---

① 刘鹏著：《潭柘寺戒坛寺》，原载《北京档案》，2008 年 8 期。

陡峭的沟岸，凶险的岩石，越显得潭柘的幽深。

寺以泉水闻名，所到之处，常有石槽引出水流。"只是流觞亭雅得那样俗，在石地上楞刻着蚯蚓般的槽；那样流觞，怕只有孩子们愿意干。"朱自清走了半天，在寺里没有碰上一个老道，那几个和尚，身上清雅不多，挂满铜臭的气息，眼睛中不干净，带着太多的世俗气，看上去不能忘记。

第二天清晨，二十多名游客，都雇上牲口向戒坛出发，驴队颇有浩荡的阵势。朱自清雇的是一匹骡子，他第一次骑感到很新鲜，高兴地骑上去。这不是一段平凡的路，途中翻越罗喉岭。一听山的名字，心中咯噔一声，其实只是土山，它的险是道狭窄，曲曲弯弯，山路高低不平，多处只能走过一匹牲口。

戒台远景戒坛大殿被磨出两个脚印，深透砖石。寺内还有圆通殿、舍利塔、地藏殿、清太后行宫、妃嫔宫、内侍房、昆卢阁等。寺的前方，还有安乐堂和塔院两组建筑物。塔院内有金、元、明、清各代塔群，玲珑多姿，是研究佛教和古建筑的珍贵资料。"龙潭"在寺后山上，清澈见底，涓涓不绝，自潭而下，顺渠蜿蜒经寺流出。文献中记载的"柘树千株"早已失存，只是寺旁还存数株，作为应景之物供人观赏。

石鱼被称为潭柘寺的一宝，挂在寺中龙王殿的廊子上。这条石鱼远看似铜，击之能发出清脆的乐音。古人说它是一块宝石，其实是一块含铜量较高的石。距潭柘寺北面16里，便是戒台寺，又叫戒坛寺。早在唐代武德五年（622年）这里就建了寺院，原名慧聚寺。辽代成雍时期（1065年—1074年），有一个高僧叫法均，在这里开坛传戒，建立了戒坛。

戒台寺的正殿是大雄宝殿，殿堂内原有明代的雕花沉香木椅十把，是当年传戒时三师七证的座位。正殿后面的千佛阁，是一座四方形的高层建筑，阁内有回旋的楼梯，楼上下的墙上嵌有无数小型佛龛。阁的东侧为戒坛，它是一丈多高的汉白玉台座，坛基雕刻精美，是我国现存戒坛中最大的一座。环坛原有戒神几百个，其中有24个三尺高、头戴盔身披甲、神态威武的戒神领着几百个一尺高的塑像群。

寺院的殿堂四周分布着许多庭院，格局别致，精美的太湖石叠山映衬着流泉、山花、古碑、古塔，相映成趣。戒坛东北是塔院，这里有辽塔和元塔，形状挺秀，至今依然完整无缺。塔院附近"明王殿"前的石栏内有三座经幢，刻有经文和佛像等，是辽代和元代的遗物。

戒台寺的松树是很有名的，有一首诗这样写道："潭柘以泉胜，戒台以松名，一树具一态，巧与造物生。"不仅因为它们苍翠古老，而且有各种形态，如卧龙松、九龙松、抱塔松、莲花松和白皮松等都很有名气。[1]

半山腰的戒坛，开在朝东的山门，走进觉得心旷神怡。它的南侧，设置一道矮的砖栏护墙，下边是一片开阔的平原，平原的边际才是山，它与群山环抱的潭柘不同。进入第二道门，眼前一亮，空间豁然疏朗，东西长的平台是戒坛最好的地方，三棵名松立在这里。卧龙松、抱塔松手足兄弟一般，同一个偃仆的姿势。它们高大的身躯，披挂苍老的树皮，有神威的气韵。九龙松显得苍老，枝干遒劲地伸向空中，若在满月，光辉下，松树的剪影铺在地上，别有一番回味

---

[1] 刘鹏著：《潭柘寺戒坛寺》，原载《北京档案》，2008 年 8 期。

的东西。

　　　　游记文学的创作也正是以一种独特的艺术形式阐释中华民族"天人合一"的深邃哲学精神；同时，创作主体与自然山水之间日益丰富的情感交流也极大地影响了游记散文的主题形态及其表现方式。一个最突出的特点是，作家在描写自然时常常融情入景、借景抒怀，追求景与情、境与我、自然与人的融通合一。①

　　游过两个地方，朱自清总结，"潭柘以层折胜，戒坛以开朗胜；但潭柘似乎更幽静些。"语言清淡娴雅，心境平和。不管怎么说，这趟旅行，他从山的险、水的清澈中体悟人生，大自然中学会道理，而非课本上的条文。

　　再好的地方，还是要离开的，朱自清回程时，雇了一头骡子。下山回到长辛店，两条腿肿得几乎不是自己的了。

---

① 余婷婷著：《1912—1932 年中国游记研究》，华侨大学，2006 级硕士论文。

# 松堂三日

　　1934 年 6 月 30 日，朱自清和夫人及叶石荪夫妇，在松堂住了三日。难得这么清闲，他们说好了什么事不想，尽情地游玩。朱自清离家时，习惯性地带上两本书，准备闲时消遣。

　　出发前一天的夜里，突然下了一场大雷雨。朱自清躺在床上，雨声和雷声装满枕头，他有些担心明天的行程，天气还这样就走不成了。第二天清早，一看天公作美，是晴朗的天气，一行人坐上车，沿路的树木，枝叶上挂着夜里的雨珠，洗得叶子鲜绿。地上凹的地方，积一些雨水，清晨来往的车和行人不多，没有弄得浑浊。

　　平常去松堂是遥远的事情，想不到这么快就到了，车子驶过红山头，走出不远停下。望见两扇紧闭的大红门，门楣上挂着"国立清华大学西山牧场"的牌子，他们敲了一阵子，也不见人来开门。他们犯愁的时候，一个过路的孩子，看到此情景好心地告诉说，门已经上锁，必须从旁门走。有意思的是旁门上，挂着醒目的牌子"内有恶犬"。朱自清一般碰到狗，总是退避三分，他小时候怕狗，一听狗叫心里打怵。门里有人出来呵斥狗，保护他走进大门，不时安慰地说："不碍不碍。"

　　朱自清先生在松堂作三日之游，正当盛夏，云日似火，身处松堂顿觉炎天有凉，这种与外界殊异的特定环境，使其寄情山水暂忘尘俗的闲适心情为之一舒，从而充分领略松堂寻常景物中所蕴含的真趣。为把自己领略到的这种真趣传感于读者的心灵，他力避对庭院中景物的表象作如实的工细描绘，而着意用灵动的笔法、巧妙的比喻、含蓄的语言传写景物蕴含的神韵，创设诗样的意境，诱发读者的联想，充实形象的内涵。[1]

　　朱自清的笔下，大多是日常生活的琐事，他抓住每一个细节，不放过寻踪找迹的机会。"诗是表情的文字，真情流露的文字自然成诗。"它是作家复杂情感的载体，没有真情的流露，缺少感人的细节，创造不出憾人的作品。

　　穿越两道小门，眼前豁然开朗，是另外一片天地。高大的白皮松，挺拔的树身，透着山野气。这种松算珍贵树种，它们和睦相处。树木掩映的松堂，它本由石亭子改修，亭子造型高大，内部轩敞，大理石柱子和栏杆保护得完好。阳光投进窗子，它的到来使空间有了神性，这样的环境下，坐在堂中觉得自己太小。从窗口向外眺望，可见松树秀丽的姿态、洁白的皮肤，瞬间感觉凉爽，一丝丝地渗进心间。

　　堂后有一座人工的假山，石头少了江南太湖的怪狞，看上去毫无什么特点，不过搭配得还可以。山里头有个小洞，摆设神龛、石桌、石凳，从外面觉察不出，必须得花费点心思。

　　后山有个无梁殿，红墙竖立，隔开独立的空间，屋顶铺盖琉璃

---

砖瓦，屋脊上有三个瓶子。大殿坐落半山腰，它独立存在，显现逼人的气势"天坛的无梁殿太小，南京灵谷寺的太黯淡，又都在平地上。"山顶上残留过去的旧碉堡，这是真实的证据，每一块砖，每一个石头，贮满历史的踪迹。乾隆打金川时，在此地操练健锐云梯营，荒山野岭，经过一场雨的淋洗，阴灰的色调中，彰显时间的悲情、一个时代的缩影。

> 朱自清来松堂是游玩，他在面对历史人文景观时，不会以普通人的心态，玩赏这些古迹。见景思情，他通过这些残迹，通常充分调动自己的生活经验和知识积累，通过再造性想象对审美对象有了独到的发现，进一步去领会、体验审美对象，对其进行补充、延伸、丰富和发展，体会到其中蕴含的更为深广的内容，也从中获得极大的审美愉悦。[①]

晚饭以后，朱自清和友人们一起，坐在黑暗中的廊下，等候新升的月亮。这天奇怪了，月亮迟迟不肯露脸，友人东扯西拉，甚至赌起背诗词，有的时候一句话不说，沉默中度过。不论白天黑夜，各有各的妙处，细心观察会发现。黑暗的剪刀，裁出松树的长影，朱自清感觉有点阴森似鬼。其实松堂的院子，并不是想象的那样，比如白皮松长得秀气，没有鬼怪的妖气。

久盼的月亮登场，又让云遮挡一半，"老远的躲在树缝里，像个乡下姑娘，羞答答的。"苏轼说的"月有阴晴圆缺，人有悲欢离合"，就是这个景象摘取的吧？阴云越聚越厚，半个月亮让人生出怅然。若是在秋夜，刮一阵子西风，拂得树枝发出响声，营造出的涛声，

---

① 马美爱著：《论朱自清的旅游观》，原载《社会科学家》，2006 年 3 期。

也该别有一番韵味。

　　游记文体灵活，能自由表达作者的情思，自古便受到中国文人的青睐，到了现代，也同样成为作家们的首选。现代散文史上的先行者根据时代需要，对游记这一古老形式进行改造，然后，又运用它描摹山水与田园、反映时代与社会、思考人生与生命。游记，于是乎成为众多中国现代作家的开山之作，或是奠定他们文学地位的鼎力之作。①

　　临睡前，朱自清和友人们，在堂中点燃几支洋蜡。一朵朵火焰，烧出一片光亮。庞大的屋顶显得低矮，压抑人的心情。朋友隔着烛光，彼此注视对方，谁都不说一句话打破这种沉默。
　　山野中的松堂，在黑夜中安静，远处传来几声狗叫，夜一点点地深入。

---

① 　余婷婷著：《1912—1932 年中国游记研究》，华侨大学，2006 级硕士论文。

## 第四卷　旧时影迹

窗外的鸟儿鸣叫，将我从睡梦中唤醒。北碚结束一个星期的阴雨天。我每天有早读的习惯，翻开朱自清的散文集，继续读他的文字。

# 乡下女人阿河

一

窗外的鸟儿鸣叫，将我从睡梦中唤醒。北碚结束一个星期的阴雨天。我每天有早读的习惯，翻开朱自清的散文集，继续读他的文字。

朱自清的讲述，将我推入 20 年代的江南，认识一个叫阿河的女孩。

1926 年 1 月 11 日，我看到灯下，朱自清面对桌上的稿纸，眼前浮出的景象，情感凝固成一个个字，疾速地飞出来。冬天的寒风敲打窗玻璃，又是一年，人的心情不能平静。

朱自清在阿河的身上，叙述角度发生变化，由第一人称的"我"，成为阿河所叫的"白先生"。这一改变不是为了奇思异想，表述情感自由舒展。

记得那一年放寒假，白先生因为身体的原因，到乡下朋友家暂住一段，呼吸自然的空气，休养疗治疾病。住处不远是一个小湖，淡蓝的湖水，倒映岸边绵延的青山。无风的水面，平静不起波粼，风乍起时，荡出一层层的皱痕。湖水甩出的小汊子，形成一条小港，缓慢地流过朋友家。门前石桥横跨水上，每天有人和牲口来往，桥那边是无边的田亩。这边沿岸一带，栽种着各种树，春天来的时候，鸟儿欢唱，拂动的嫩柳枝，描绘出梦幻的场面。朋友家富有江南风格的院落，矮竹篱围绕房子，一条小路通向南楼，亘迭的山峰的背景。院西有三间平屋，白先生住这里。院子当中有两块草地，随便丢放着几块石头。旁边的空地上，摆放盆栽的花。沿着篱墙边，长有几株粗大的树，蜷曲的枝头，几乎探到水中。

1925 年 8 月，朱自清来到清华任教，进了古月堂 6 号，中文部教员的宿舍。住处的旁边是学校文化娱乐交往的中心，大家都叫它"工字厅"。朱自清的课程，给普通部的学生讲授"国文"，同时教旧制部学生"李杜诗"。由于课程计划安排合理，时间分配得当，不多么繁重、他有了自己的空闲，日子过得清闲自在。

朱自清初来乍到，不熟悉周围的环境，认识的人不多，对外界没有交往。每天除了上课，别无他处可去，散步是最好的休息。他在工字厅和校园内外步行，既锻炼身体，又在闲逛中读到历史。每一棵树、一湾水、一只鸟叫声，牵扯他的思绪，想起遥远的南方，惦记起家人。

每一次来的家信，从上面的每一个字，触碰到亲人的气息。它染着旅途的尘埃，送来家的温暖。父亲在一封信中说："我身体平安，唯膀子疼痛厉害，举箸提笔，诸多不便，大约大去之期不远矣。"一晃两年多不见，父亲一天天年龄大了，身体竟这么不好吗？他一辈子辛苦，为这个家操劳，信中的话语，让朱自清读后伤感。这样的心情下他写出《背影》，说出对父亲的思念。

1926 年 1 月 11 日，经受人生的磨难，朱自清远离家人，创作出阿河的形象，寄托对美的追求。他让白先生养病，来到乡下的朋友家小住。

朋友韦君家人少清静，外边念书的女儿，也刚回到家里。年轻人无忧无虑，她邀三位同学到家过寒假。几个年轻人凑在一起热闹，她们住楼上的两间屋子。房子的布局不复杂，韦君夫妇住楼的另一侧。楼下的客厅经常闲着，西屋供吃饭的餐厅。东套间是韦君的书房，供他们聊天、喝茶、读书和看报。他每次吃完饭，独自过来翻翻书看，即使坐在窗前，观望外面的风景，有书相伴心情安稳。

第二天，韦家小姐告诉朱自清，她母亲要找一个女佣人。她家的长工阿齐说，有一个表妹性格温和，人老实巴交。由于熟人引荐，她母亲爽快地答应，叫他明天带来试做几天。

韦家小姐说时非常高兴，她似乎满意的样子，白先生对这事不感兴趣，不经意地听对方说。

平屋与楼房中间是小厨房，白先生住在东面的屋子，从窗子向外张望，能看见厨房里忙碌的身影，闻到飘来的菜香味。这一天做午饭前，他不经意地向外望，一个生面孔的女佣人，提着两把白铁壶，往厨房里面走。韦家的老用人李妈，走在前面领路，不时回头和她说话。

> 她的头发乱蓬蓬的，像冬天的枯草一样。身上穿着镶边的黑布棉袄和夹裤，黑里已泛出黄色；棉袄长与膝齐，夹裤也直拖到脚背上。脚倒是双天足，穿着尖头的黑布鞋，后跟还带着两片同色的"叶拔儿"。想这就是阿齐带来的女用人了；想完了就坐下看书。晚饭后，韦小姐告诉我，女用人来了，她的名字叫"阿河"。我说，"名字很好，只是人土些；还能做么？"她说，"别看她土，很聪明呢。"我说，"哦。"便接着看手中的报了。

寻常生活中，陌生女人的出现，如同一段小插曲。白先生观察这个人，以细腻的笔触，描绘出乡村女人的朴素肖像。

朱自清

朱自清《你我》

朱自清《背影》

以后的日子，白先生早上、中午和晚间，时常看见阿河，她拎着水壶进出。她的眼睛从不四处张望，总是向前方看。一晃半个多月，韦小姐有一次忽然说：

> 你别看阿河土，她的志气很好，她是个可怜的人。我和娘说，把我前年在家穿的那身棉袄裤给了她吧。我嫌那两件衣服太花，给了她正好。娘先不肯，说她来了没有几天；后来也肯了。今天拿出来让她穿，正合式呢。我们教给她打绒绳鞋，她真聪明，一学就会了。她说拿到工钱，也要打一双穿呢。我等几天再和娘说去。
>
> "她这样爱好！怪不得头发光得多了，原来都是你们教她的。好！你们尽教她讲究，她将来怕不愿回家去呢。"
>
> 大家都笑了。

旧历新年过去了，江浙一带闹兵事，白先生所在的学校，暂时不能开学，正好大家在乡间生活得愉快，乐意多住些日子。

经过一段时间的磨合，阿河有了很大的变化，换了一个人。"她穿着宝蓝色挑着小花儿的布棉袄裤；脚下是嫩蓝色毛绳鞋，鞋口还缀着两个半蓝半白的小绒球儿。"宝蓝色调纯净，带有珠宝的光泽，配上一朵小花儿，穿在女人身上，有了迷人的东西。阿河焕发新生一样，显得格外精神。白先生猜测，肯定是年轻人的杰作，人靠衣裳马靠鞍。阿河穿衣打扮，和初来时朴素的穿戴完全不同，短暂时间的变化，使白先生对她更加注意观察。阿河的头发不再蓬乱，梳得光溜溜的，额前的刘海服帖。标致的圆脸没有笑意，透出春天的光辉。阿河生于原野，长于原野，散发女性的柔情，更能接近人的心灵。

二

　　窗口是白先生的瞭望点，现在是他喜欢的地方，因为可以望到阿河忙碌的样子。他想和阿河聊上几句家常，她的身上有说不出的魅力，城市中很少见。

　　元宵节的前一天，晚上吃完饭后，白先生回到自己的屋里，呆坐了一会，觉得有些无聊，便去书房里看报，消磨夜晚的时间。忽然门响了一声，阿河走进来，她拿着几支颜色的铅笔，来到白先生的身边，面带微笑地说："白先生，你知道铅笔刨在哪里？"她将铅笔递过来，白先生不自然地起身，神情慌乱地说："在这里。"白先生在时间的纸上描绘，细腻委婉地写出内心的情感。白先生指着南边的一根柱子。他觉得说不明白，让阿河近柱子。屋子里只有他俩，相距这么近，白先生闻到阿河身上女性的气息，有些控制不住自己，情感铺天盖地乱跑。手有些不听使唤，吞吐地说："我……我……"白先生说话不自然，声调不似自己的一样。阿河不作任何回答，将一支铅笔递给他。白先生把铅笔放进刨子里，刨了两下子，做一个样子想交给阿河。他让心情平静，刨完了一支，阿河接铅笔时，两手接触的瞬间，有一种昏晕的感觉。阿河接过铅笔，瞧一眼削好的笔尖，天真地注视白先生。他宛如面对一朵鲜花，想抚摸一下，又怕碰坏嫩叶。他内心矛盾，坚持到最后，硬着头皮说："就这样刨好了。"逃离为上策，白先生躲开阿河的目光，赶紧向别处望去，回到原来的地方，重新拿起报纸。

　　北碚夜里打了几声雷，下一阵小雨，今天是难得的晴朗。读到这里，看到朱自清选择的场景，将人物的情感推向高潮。我跟着他的文字，看着白先生坐卧不安的样子。

白先生的头刚一低下，又马上抬起来，隔着一段距离，向阿河说道："你会么？"阿河未往这边看，只是答应一声。白先生盯着她的背影，目光不肯离开。情感激烈地斗争，他觉得应该低头不看，另一个看的念头占据上风。等他低一会头，再抬起头来，她不声不响地向外走。

　　"艺术的女人"多次出现在朱自清的散文中，都是一种虚幻的缥缈的，但也确实是美丽的、动人的、引人爱恋的，这绝不是真正意义的爱。个人情感的传达，实实在在是一种人类共有的对爱与美追求的情感表达。

　　另外，值得一提的是，阿河嫁人后，文中流露出作者的失落，但这也绝非是因失恋而致的失落。阿河是艺术女人的另一符号代表，阿河的嫁人无疑是艺术女人的改变，是爱与美的丧失与不可得，所以，这一来"全完了"。艺术的女人是作者对爱与美诗意追求的表现，而阿河也恰恰投射了这样一种共同的人类情感，这才是其艺术符号的真正意味所在——《阿河》。[①]

学者殷晶波分析作品，对阿河这个人物进行剖析，在时间这个舞台上，解说出真正的旁白。

　　第二天早上，白先生看见厨房里阿河忙碌，她的背影极其漂亮。想到这次来乡下遇到她引发的情感。

　　阿河走路的姿势，敏捷得如同一只鹿，匀称而且快。她两手分别各提着一只水壶，那种普通的工具，在她的手里变得有灵性。

---

[①]　殷晶波著：《对人类爱与美的诗意追求——用艺术符号学解读朱自清的〈阿河〉》，原载《名著欣赏》，2012 年 12 期。

这全由于她的腰；她的腰真太软了，用白水的话说，真是软到使我如吃苏州的牛皮糖一样。不止她的腰，我的日记里说得好："她有一套和云霞比美，水月争灵的曲线，织成大大的一张迷惑的网！"而那两颊的曲线，尤其甜蜜可人。她两颊是白中透着微红，润泽如玉。她的皮肤，嫩得可以掐出水来；我的日记里说，"我很想去掐她一下呀！"她的眼像一双小燕子，老是在滟滟的春水上打着圈儿。她的笑最使我记住，像一朵花漂浮在我的脑海里。我不是说过，她的小圆脸像正开的桃花么？那么，她微笑的时候，便是盛开的时候了：花房里充满了蜜，真如要流出来的样子。她的发不甚厚，但黑而有光，柔软而滑，如纯丝一般。只可惜我不曾闻着一些儿香。唉！从前我在窗前看她好多次，所得的真太少了；若不是昨晚一见，——虽只几分钟——我真太对不起这样一个人儿了。

云华路上的公交车，不时地来往，声音四处乱。我似乎听到朱自清的笔，触在纸上的声音。他珍惜白先生的这段情感，借白先生的日记说："我很想去掐她一下呀！"一个"掐"字，不仅是点睛之字，比千言万语重很多。读朱自清的文字，朴白中透出神韵。

这天午饭后，白先生、韦小姐和她的同学在书房里。午饭后的倦意，韦君按照习惯睡午觉。他们东扯西拉，话头转到阿河的身上，白先生不知不觉地说：

"你们怎知道她的志气好呢？"

"那天我们教给她打绒绳鞋。"

"看她很聪明，就问她为什么不念书？她被我们一问，就伤心起来了。"

"后来还哭了呢，还有一位傻子陪她满眼泪呢。"韦小姐对谈话感兴趣，不大的空间顿时热闹，你一言我一语，在空中飞来荡去，似乎是一场接力赛。白先生提起阿河，想更多地了解她的情况。

韦小姐似乎感觉到什么，话锋一转，她如同念一个人的档案："——她说她只有一个爹，没有娘。嫁了一个男人，倒有三十多岁，土头土脑的，脸上满是疤！他是李妈的邻舍，我还看见过呢。"一伙人睁大眼睛，屋子安静下来，蔡小姐突然接着说："她男人又不要好，尽爱赌钱；她一气，就住到娘家来，有一年多不回去了。"

"她今年几岁？"白先生听后，忍不住地插嘴问。蔡小姐瞅了他一眼，漫不经心地说：

"十七不知十八？前年出嫁的，几个月就回家了。"

"不，十八，我知道，"韦小姐纠正黄同学对阿河的年龄偏差，说出准确的岁数。

"哦。你们可曾劝她离婚？"白先生听了这些话，对阿河的命运深感不平，这么年轻下去，一辈子不毁掉么？

"怎么不劝。"韦小姐同情地回答。

"她说十八回去吃她表哥的喜酒，要和她的爹去说呢。"

"你们教她的好事，该当何罪！"白先生心情复杂，表面调侃几句，其实心疼她的命不好。白先生的话，引来大家的一阵笑，这笑含有多层意思。

一天早上，白先生在屋里读书，被外面的说话声惊动。平时朋友家人少，清静杂乱的声音，这是从来没有的。他立刻走出来看，门外两个乡下人要走进来，给阿齐拦住。

他们只是央告，阿齐不肯让路。韦君已经走出院中，向他们说道：

"你们回去吧。人在我这里，不要紧的。快回去，不要瞎吵！"

两个人面面相觑，说不出一句话，拖延了一会，只好扫兴地走。白先生问韦君："什么事？"他不悦地说：

"阿河啰！还不是瞎吵一回子。"

我想他于男女的事向来是懒得说的，还是回头问他小姐的好；我们便谈到别的事情上去。

吃了饭，我赶紧问韦小姐，她说：

"她是告诉娘的，你问娘去。"

我想这件事有些尴尬，便到西间里问韦太太；她正看着李妈收拾碗碟呢。她见我问，便笑着说：

"你要问这些事做什么？她昨天回去，原是借了阿桂的衣裳穿了去的，打扮得娇滴滴的，也难怪，被她男人看见了，便约了些不相干的人，将她抢回去过了一夜。今天早上，她骗她男人，说要到此地来拿行李。她男人就会信她，派了两个人跟着。哪知她到了这里，便叫阿齐拦着那跟来的人；她自己便跪在我面前哭诉，说死也不愿回她男人家去。你说我有什么法子。只好让那跟来的人先回去再说。好在没有几天，她们要上学了，我将来交给她的爹吧。唉，现在的人，心眼儿真是越过越大了；一个乡下女人，也会闹出这样惊天动地的事了！"

"可不是，"李妈在旁插嘴道，"太太你不知道；我家三叔前儿来，我还听他说呢。我本不该说的，阿弥陀佛！太太，你想她不愿意回婆家，老愿意住在娘家，是什么道理？家里只有一个单身的老子；你想那该死的老畜生！他舍不得放她回去呀！"

"低些，真的么？"韦太太惊诧地问。

"他们说得千真万确的。我早就想告诉太太了，总有些疑心；今天看她的样子，真有几分对呢。太太，你想现在还成什么世界！"

"这该不至于吧。"我淡淡地插了一句。

"少爷，你哪里知道！"韦太太叹了一口气，"——好在没有几天了，让她快些走吧；别将我们的运气带坏了。她的事，我们以后也别谈吧。"

开学的通知来了，行期定在 28 号。晚上阿河不到厨房里忙碌，韦小姐有意无意地跑来，压低声音告诉白先生："娘叫阿齐将阿河送回去了；我在楼上，都不知道呢。"他漫不经心地答应一声，再不说一句话。一个人走进他的生活，眨眼的工夫消失，也许从此不会再见面。这一夜变得漫长，白先生难以进入睡梦中。躺在床上翻来覆去，好不容易睡着，接二连三地做梦，睁开眼睛，却是一片茫然。

离开的日子，吃过早饭后，韦君夫妇真诚地挽留，约定放春假的时候，抽空再来住几天。白先生有些伤感，对这地方有了感情，他客气地答应。拿着随身的行李，走出大门，他想回头望一眼厨房，众多的目光下，又不好意思。

白先生回到学校，他的老友老陆已报到。他没有整理行李，急忙去找他，将自己在乡下遇见阿河的前后经历，详细地复述一遍。老陆是个做事圆滑的人，听白先生的讲述，他神情不断地变化，时而皱紧眉头，时而叹气，双手不住地摩擦。听到白先生说"阿河只有 18 岁"时，他话头一转，不无遗憾地说道：

"可惜我早有了我那太太！要不然，我准得想法子娶她！"

"你娶她就好了；现在不知鹿死谁手呢？"

我俩默默相对了一会，陆忽然拍着桌子道，

"有了，老汪不是去年失了恋么？他现在还没有主儿，何不给他俩撮合一下。"

我正要答说，他已出去了。过了一会子，他和汪来了，进门就嚷着说，

"我和他说，他不信；要问你呢！"

"事是有的，人呢，也真不错。只是人家的事，我们凭什么去管！"我说。

"想法子呀！"陆嚷着。

"什么法子？你说！"

"好，你们尽和我开玩笑，我才不理会你们呢！"汪笑了。

我们几乎每天都要谈到阿河，但谁也不曾认真去"想法子。"


三


1926 年 1 月，寒冷的冬天，白先生的情感和外面的风一样，渗进身体深处。

作品中又过了一年，第二年的春假。白先生守约，再次回到乡下韦君的别墅。春光明媚，湖水波荡，杨柳随风拂动，鸟的鸣叫声，奏出春天的序曲。他重返乡间，不是为了享受诱人的春光。他的心中放不下阿河，想知道她的现状。韦小姐比白先生早回两天。他当别人面不好意思，背地里问阿河的一些事。韦小姐看透白先生的心说：

"奇得很！阿齐告诉我，说她二月间来求娘来了。她说她男人已死了心，不想她回去；只不肯白白地放掉她。他教她的爹拿出八十块钱来，人就是她的爹的了；他自己也好另娶一房人。可是阿河说她的爹哪有这些钱？她求娘可怜可怜她！娘的脾气你知道。她是个古板的人；她数说了阿河一顿，一个钱也不给！我现在和阿齐说，让他上镇去时，带个信儿给她，我可以给她五块钱。我想你也可以帮她些，我教阿齐一块儿告诉她吧。只可惜她未必肯再上我们这儿来啰！"

"我拿十块钱吧，你告诉阿齐就是。"

韦小姐说了阿河的情况，白先生觉得不舒服，阿齐空闲的时候，又询问她的事。他总想弄个水落石出，阿齐并无同情心，瞧不起地说："她的爹正给她东找西找地找主儿呢。只怕难吧，八十块大洋呢！"

两天后，阿齐去镇上办事回来，碰到白先生主动地说，"今天见着阿河了。娘的，齐整起来了。穿起了裙子，做老板娘了！据说是自己拣中的；这种年头！"

阿齐的话不顺耳，他传送阿河的近来信息，让白先生伤感，甚至一种绝望。他半天未缓过神，失落地望着阿齐。

第二天，白先生借口有事，离开朋友的别墅，不愿再待下去。

只是几笔的白描，没有多余的赘墨，朱自清将两个男人的心态勾画出来。对待女性他们有不同的看法，其实是一种生命的态度。朱自清的散文，在人物描写中所呈现的忧郁和感伤，体现他新的文学价值观念，还有审美的情趣。

　　朱自清不囿于传统的散文套路，他跨文体写作，在散文中融入小说的因素，创作出全新的变体形式。"朱自清散文创作的意向，转而拓展到人物形象的描写，应该说，这是传统的现代散文走向现代化的一种标志，值得认真探讨和总结。"[①]

　　朱自清理解白先生的心事，这样风光秀丽的地方，有山有水，呼吸清新空气，融入自然中是快乐的事情。朱自清让白先生遇到阿河，尝到人生苦涩的滋味，再见，湖光山色，再见，小厨房。这生不可能看到她的影子，带着失落做永远的告别。

　　朱自清写出《背影》，第二年又写出《阿河》，1926年11月22日，刊发于《文学周报》第200期。

---

① 宾恩海著:《试论朱自清散文中的人物描写》，原载《广西师范学院学报（哲学社会科学版）》，1998年4期。

# 可爱的年轻人

1926 年 4 月 2 日，惨案发生后过了几天。春天冲破寒冷交替的日子，带来万物复苏的气息。

暖洋洋的春光，没有使朱自清轻松愉快。韦三杰和几个热血青年，倒在政府冰冷的枪口下。韦三杰是他的学生，第一次相见的情景，历历都在眼前，"韦杰三君是一个可爱的人"。那一天，朱自清听见门被敲响，进来的是一个文静的少年。他开设几门课程，听的学生很多，有的能叫出名字，有的无一点印象。看着陌生的学生，礼貌性地问"贵姓"。这个学生挺有性格，不马上回答，而是将自己的姓名写在纸上递给朱自清。随后他解释说，苏甲荣先生介绍过来的。苏甲荣是朱自清的同学，和他又是同乡。朱自清知道他叫韦三杰，他说前一晚来找过，碰巧他不在家，今天特意又来登门拜访。

朱自清和韦三杰闲谈了一会，仔细观察这个人。谈话时间不长，他起身告辞，说怕耽误朱自清的时间。如今一条年轻的生命走了，追忆和韦三杰见面的每一处细节。

1903 年 1 月 5 日，韦杰三出生于桂东小城蒙山县新圩镇一个贫寒的家庭。他 1 岁多的时候，母亲去世，由祖母抚养长大。韦三杰 8 岁，

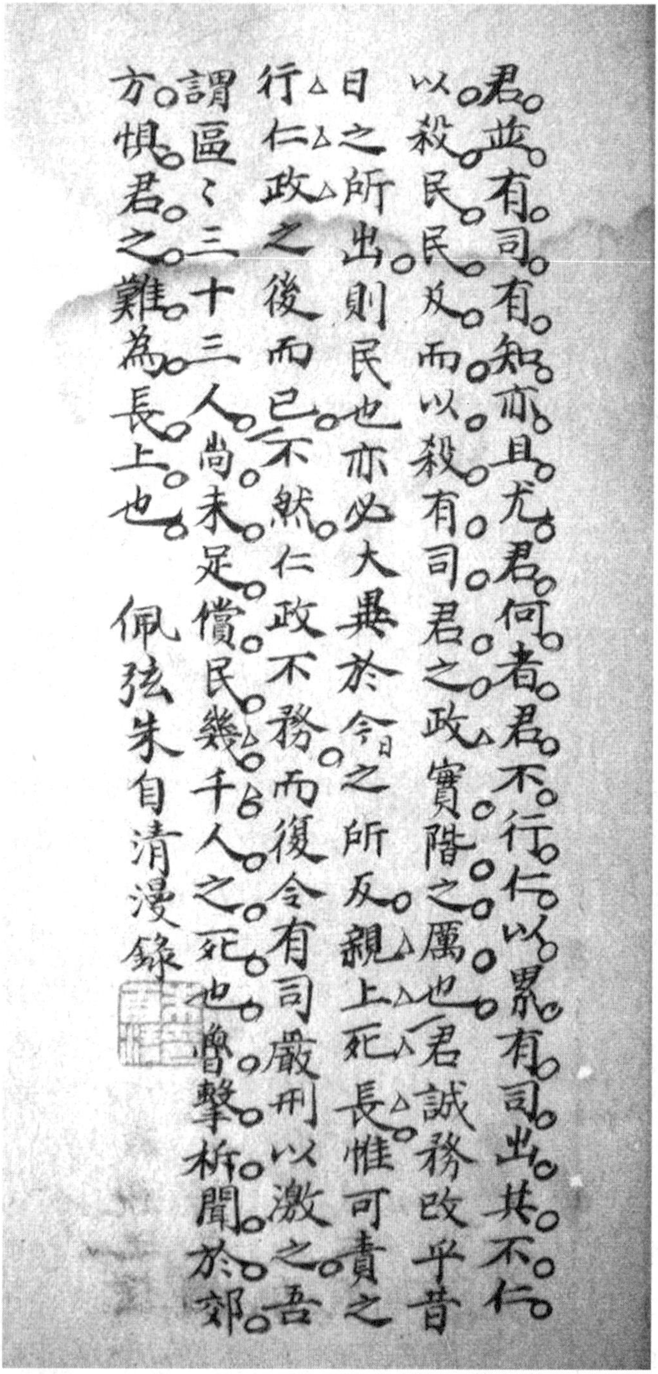

君亦有司有知亦且尤君何者君不行仁以眾有司此其不仁
以殺民民及而以殺有司君之政實階之厲也△君誠務改平昔
日之所出則民也亦必大異於今之所反親上死長惟可責之吾
△行仁政之後而已不然仁政不務而復令有司嚴刑以激之吾
謂區區三十三人尚未足償民幾千人之死也魯擊柝聞於郊
方惧君之難為長上也　佩弦朱自清漫錄

朱自清书法

付大伟 作

上村子里的私塾读书，10 岁进入新圩初等小学，12 岁考入县立高小。他在高小期间，有机会接触《少年》《学生》等进步刊物。韦三杰毕业以后，进入古排国文专馆，又读了一年书，由于家庭经济困难，辍学到古排小学当教员，那一年韦三杰 16 岁。

1925 年秋天，清华学校增设大学部，招收新制大学本科一年级新生，韦杰三以优异成绩被录取。

韦三杰的第二次来访，朱自清记得是在几天以后。那时新生测试结束，韦三杰的国文课，被分在钱子泉先生的班上。韦三杰说明来意，想转到他带的班上。朱自清耐心解释，钱先生的人很好，学问的底子颇厚。在他的班上学习，能学到更多的知识，况且各班的情况定好，不会因为一个人有所变动。韦三杰应了几声不再说什么，坐一会后离开。他由于学业忙，没有再到朱自清家里来。有一回在三院，第一排屋的后门口遇见韦三杰，他一脸微笑，向朱自清点头问候。他捧着书和墨盒去上课，他停下脚步说："常想到先生那里，只是功课太忙了，总想去的。"朱自清是一名教授，他理解韦三杰的学业，热情地回答说："你闲时可以到我这里谈谈。"他们短暂地相遇，简单地交谈，然后匆匆地告别。三院距离朱自清的家路不近，和到前门差不多少。半年多来，朱自清只在课前下课，不长的几分钟里，偶然遇着韦三杰。

他的同乡苏先生，来京时见过一回，半年来不曾再见。

我不曾能和他谈韦君；我也不曾和别人谈韦君，除了钱子泉先生。钱先生有一日告诉我，说韦君总想转到我班上；钱先生又说："他知道不能转时，也很安心的用功了，笔记做得很详细的。"我说，自然还是在钱先生班上好。以后这件事还谈起一两次。直到三月十九日早，有人误报了韦君的死信；钱先生站在我屋外的台阶上惋惜地说："他寒假中来和我谈。我因他常是忧郁的样子，便问他为何这样；是为了我么？他说：'不是，你先生很好的；我是因家境不宽，老是愁烦着。'他说他家里还有一个年老的父亲和未成年的弟弟；他说他弟弟因为家中无钱，已失学了。他又说他历年在外读书的钱，一小半是自己休了学去做教员弄来的，一大半是向人告贷来的。他又说，下半年的学费还没有着落呢。"但他却不愿平白地受人家的钱；我们只看他给大学部学生会起草的请改奖金制为借贷制与工读制的信，便知道他年纪虽轻，做人却有骨气的。

　　我最后见他，是在三月十八日早上，天安门下电车时。也照平常一样，微笑着向我点头。他的微笑显示他纯洁的心，告诉人，他愿意亲近一切；我是不会忘记的。还有他的静默，我也不会忘记。据陈云豹先生的《行述》，韦君很能说话；但这半年来，我们听见的，却只有他的静默而已。他的静默里含有忧郁，悲苦，坚忍，温雅等等，是最足以引人深长之思和切至之情的。他病中，据陈云豹君在本校追悼会里报告，虽也有一时期，很是躁急，但他终于在离开我们之前，写了那样平静的两句话给校长；他那两句话包蕴着无穷的悲哀，这是静默的悲哀！所以我现在又想，他毕竟是一个可爱的人。


1926 年 3 月，北方的天气乍暖还寒，残余的冬天时不时地流窜，北京城里很少见到绿色，仍然灰色一片。寒风夹着沙尘，在大街小巷里乱钻，撕扯四合院的青砖墙，没有新绿的枝丫在空中扭动，发出尖锐的啸声。

　　进入 3 月以来，北京的政治局势不稳定，出现神秘的身影。这些便衣特务在公共场所、大学院校附近、南花园国民党市党部及东交民巷苏联公使馆前后活动。东北军阀张作霖，在日本帝国主义的支持下，率兵越过山海关，偷袭冯玉祥所管辖的京津，妄想一口吞掉这块肥肉。冯玉祥指挥的国民军，察觉到这个阴谋，做好战斗准备，封锁天津大沽港，防止奉系军舰从海上偷袭。日本帝国主义对冯玉祥的行动恨之入骨，为了维护其在中国的利益，公然以此为借口出兵干涉。1926年3月12日，悍然出动两艘军舰，保护奉系军舰闯入大沽口，炮击国民军的防地。同仇敌忾，在冯玉祥的指挥下，国民军奋起反击，击退日舰的挑衅。

大沽口事件以后，日本帝国主义找借口说，国民军违背中国签订的《辛丑条约》。1926年3月16日，日本纠集英、美、法等八国公使，向段祺瑞临时政府提出最后通牒。不顾公理，颠倒黑白，蛮横要求天津和大沽口撤除所有的军事防务，限期48小时内答复，要不然的话，就用武力解决一切。段祺瑞这个无能的执政府，面对帝国主义的压力，准备接受八国公使提出的丧权辱国的条件。

段祺瑞和政府的举动，帝国主义的强掠行为，激起北京人民的极大愤怒。1926年3月17日，北京学生总会、北京总工会等200多个团体的代表，抗议政府卖国求荣，组成请愿团分别到段祺瑞政府和外交部。不但得不到满意的答复，反而遭到卫兵的殴打，受轻重伤数十人，造成严重的流血事件。

1926年3月18日，上午10时，政府的卑鄙行为，激起爱国青年的义愤。北大、清华、师大及燕京等80多所学校的学生，联合社会上的100多个团体的成员，共约5000人，组成声势浩大的队伍，在天安门广场举行"反对八国通牒国民示威大会"。

大会结束后，各个团体高举着旗帜，形成势不可挡的队伍向东游行。经过长安街转向北，不断有人加入，大约不下2000多人。学生们一路上散发反抗八国通牒的传单，爱国的热情使同学们团结一致，有人高举血衣。街头气氛紧张，空气凝固一般，碰上星点火花就会爆炸。一辆辆汽车向西开去，接着是军队开过来。士兵的军服上印有"府卫"两字。国务院前面的广场上，几百个"府卫"分三队排列。配有德国式手枪，身后背着刀鞘，寒光闪闪的大刀提在手中，准备出击。东西两排的"府卫"端着步枪，军帽下的一张脸，面无表情地站在那里。东西口由许多"府卫"和警察把守。西口外陆军部旧址的周围，军警几步一个，东口外附近的多条胡同，也被士兵严密看守。

人们张贴标语，群情激奋地高喊"打倒帝国主义""严正驳覆最后通牒"，游行的队伍不断扩大，口号声震破三月灰蒙的天空。铁狮子胡同是北京最古老的胡同之一，因有一对铁狮子而得名，铁狮子是元代成宗年间铸造的，某贵族家门前的旧物。铁狮子没有给无能政府多少吉祥。游行的队伍一路向前，带着满腔的热血，来到了铁狮子胡同执政府国务院的门前抗议。

游行的队伍中，清华学校排在后面，朱自清和韦杰三在示威的队伍里。

李大钊领导的这次斗争，陈翰笙和他的夫人顾淑型，带领学生参加示威游行。他身在现场，不是道听途说，而是目睹了一切，热血青年为了国家，抛下年轻的头颅。陈翰笙夫妇幸免于难，惨案使他难以平静，愤怒中写下《三月十八日惨案目击记》，真实地记录当时的情景，发表在3月27日《独立评论》3卷68期。

> 当代表报告时，群众有大呼段祺瑞卖国者，有命令队伍直趋吉兆胡同段宅者。我以为果若退出国务院或可免去危险。忽闻笛声，笛声未完卫兵举枪。正在举枪，群众已逃。逃未十步，枪声砰磅。我闻枪声，立即伏地。枪声甫止，我即见血溅满地。我所听见的枪声，都是排枪声，计共两次。我于是急向西滚，滚入停车场。向东窥，见卫队退入铁门

内，从栏杆后任意射击。照壁下有女子中弹仰卧，西南操场的"丘八"出来用关刀（非大刀队的大刀，乃如关公所用的"青龙偃月"刀）刺入女身，向空中高举再猛力抛掷！于是该女尸落在一丈远的地方。东南马圈内叫哭声很高，卫兵的手枪声更高。马圈中人向东口狂奔。沿墙逃难的，亦向东口拥挤。因避弹而卧地与力弱而倒地者，一时堆积至五六层。灰衣的卫兵和黑衣的警察在东口乘机屠戮群众。木棍、长凳、刺刀、手枪、步枪，都是他们的武器。那时卫队放枪仿佛已有十分钟，场中且有大呼停止放枪的警察。然而西口外还有枪的声音。东口外有排枪的声音。枪声停了一刻钟，我方从西口逃出。口有女尸横陈。头向门口，脚对卫队，我跑的时候，一阵阵火药气和血腥气几乎逼着我，使我不能好好吸气。

西口外我见一个卫兵抢劫一个形似学生的青年的脚踏车，又见一个卫兵抢劫一个邻近民妇的手表。幸而没有第三个来抢我的眼镜，我趁势子奔到南面的胡同里。沿途见有小贩中流弹仰卧人家门前的。适遇黑衣荷枪的保安队二十余人路过其地，我就跟着他们向西走。走回寓所后，再赶到与我最近的医院，即北京疗养病院。好几位重伤的学生，已和杨伯伦同住一个病室。我往宣武门外替他们报信，让他们的亲友赴医院照呼。①

3月18日晚上，朱自清听说韦三杰受伤，子弹打中要害，生命垂危。

---

① 陈翰笙著：《三月十八日惨案目击记》，原载《现代评论》，第68期，1926年3月27日。

　　第二天早上，听见噩耗传来，现代医学无法挽救年轻的生命。青春的韦三杰，未来得及享受生活的快乐、品尝爱情的滋味、孝敬自己的父母，将自己祭献给多灾多难的祖国。朱自清只能"叹息而已！"他情绪不稳定，不可能坐在家中读书、喝茶闲聊。朱自清决定出门，打听一些消息，去看学生会的布告，从上面的内容，知道韦三杰还在人世。信息使他感到是一件幸事，看到一线光明，心头轻松许多，他是个可爱的优秀青年，这样的人应该好好地活着。经过这场悲剧，他会变成一个更坚强的人。他赶紧将消息告诉别人，听到他的话，有人不相信，他马上举出证据，搬出学生会张贴的布告。

　　20 日朱自清进城，绕道去协和医院看韦三杰，他不知道医院的规章制度，探病时间过了 1 点钟，任何人不得进入。朱自清碰上这样的事情，感到很不顺利，在门外徘徊一会，随后向看门人打听说："你知道清华学校有一个韦杰三，死了没有？"看门人的回答不冷不热，朱自清心理也有准备，就是三个字"不知道"。

　　21 日早上，朱自清获得准确的消息，韦三杰终于没有挺住，带着一腔愤怒，离开人世间。21 日凌晨 1 时 48 分，如果 20 日那一天，他早去一会，兴许可见韦三杰一面。他痛苦地自责，十分惋惜这个年轻的生命，况且师生之间有交往。23 日学校的老师及同学进城去送行，朱自清在城里时，12 点看见通报，想看韦三杰最后一面，和他告别都来不及了。下午在学校大门口外，碰上杠房里的人，他知道棺柩送回来了。赶到古月堂向人询问，说棺柩暂时安放在旧礼堂中。朱自清来不及多想，急忙去的时候，大家将韦三杰重殓，他穿上殓衣，躺在窄小的空间里，双眼一闭，和这个世界无任何关系。有人在照相，"据说还光着身子照了一张相，是照伤口的"。朱自清未赶上整个过程，没有看见伤口，这样的情景，刺伤的不是眼睛，而是烙在心灵上的痛苦。他走过去，看着曾经鲜活的年轻人，现在的脸见不到生命的气息。

  我几乎不认识了！他的两颧突出，颊肉瘪下，掀唇露齿，那里还像我初见时的温雅呢？这必是他几日间的痛苦所致的。唉，我们可以想见了！我正在乱想，棺盖已经盖上；唉，韦君，这真是最后一面了！我们从此真无再见之期了！死生之理，我不能懂得，但不能再见是事实，韦君，我们失掉了你，更将从何处觅你呢？

  送走韦三杰，朱自清心情难以平复，"三月十八是一个怎样可怕的日子！我们永远不应该忘记这个日子！"

  朱自清说这是一次大屠杀，他当时在游行的队伍中。目睹血腥的场面，听到了子弹的啸叫声，在空中四处乱窜。

  朱自清走在清华学校的队伍中，他们到达执政府前空场时，大队挤满空场。人群、标语、口号声打破安静。爱国学生的血肉之躯，面对府门前站着的大批卫队，分两边排立，红底的领章，上面"府卫"两个黄铜字，这是执政府的卫队。

  这时有一个人爬在石狮子头上照相。那边府里正面楼上，栏杆上伏满了人，而且拥挤着，大约是看热闹的。在这一点上，执政府颇像寻常的人家，而不像堂堂的"执政府"了。照相的下了石狮子，南边有了报告的声音："他们说是一个人没有，我们怎么样？"这大约已是五代表被拒以后了；我们因走进来晚，故未知前事——但在这时以前，群众的嚷声是绝没有的。到这时才有一两处的嚷声了："回去是不行的！""吉兆胡同！""……"忽然队势散动了，许多人纷纷往外退走；有人连声大呼："大家不要走，没

付大伟 作

有什么事！"一面还扬起了手，我们清华队的指挥也扬起手叫道："清华的同学不要走，没有事！"这期间，人众稍稍聚拢，但立刻即又散开；清华的指挥第二次叫声刚完，我看见众人纷纷逃避时，一个卫队已装完子弹了！我赶忙向前跑了几步，向一堆人旁边睡下；但没等我睡下，我的上面和后面各来了一个人，紧紧地挨着我。我不能动了，只好蜷曲着。

这时已听到噼噼啪啪的枪声了；我生平是第一次听枪声，起初还以为是空枪呢（这时已忘记了看见装子弹的事）。但一两分钟后，有鲜红的热血从上面滴到我的手背上，马褂上了，我立刻明白屠杀已在进行！这时并不害怕，只静静地注意自己的命运，其余什么都忘记。全场除噼啪的枪声外，也是一片大静默，绝无一些人声；什么"哭声震天"，只是记者先生们的"想当然耳"罢了。我上面流血的那一位，虽滴滴地流着血，直到第一次枪声稍歇，我们爬起来逃走的时候，他也不出一声。这正是死的袭来，沉默便是死的消息。事后想起，实在有些悚然。在我上面的不知是谁？我因为不能动转，不能看见他；而且也想不到看他——我真是个自私的人！后来逃跑的时候，才又知道掉在地下的我的帽子和我的头上，也滴了许多血，全是他的！他足流了两分钟以上的血，都流在我身上，我想他总吃了大亏，愿神保佑他平安！

朱自清记得清楚，群情激奋的口号声中，人声杂乱，只见人头攒动，耳朵里充满怒吼的声音。这个时候，群众对政府的态度不满，有更激进的声音，在人群中扩散。一声枪响，游行的队伍大乱，卫队的士兵从背上取下枪，他们执行命令装好子弹。

　　第一次枪响，人们完全没有预料，朱自清头脑发蒙，跟随着人群奔逃出去。刚跑的时候，来不及抬脚，看见两个同伴倒在地上。他无时间看清两人的模样，前面的那个人，右胸涌出的血染红衣服。听见痛苦的呻吟，这辈子不能忘记。不忍心跨过他们的身上，拐了一下路，本能地弯腰向前跑。人挤人，人推人，逃命讲究不了身份和形象，跑得越来越快，才能脱离危险地带，保住一条命不受伤害。朱自清被后面的人闯了一下，身子失去平衡，摔倒在地上。他向前爬两步，挣扎着站起来，仍然是刚才的姿势，弯腰低身跑，不敢抬起头。

　　朱自清随着人群向北逃，躲入马号里。"我们偃卧在东墙角的马粪堆上。马粪堆很高，有人想爬墙过去。"一道墙阻挡人们外逃的脚步，如果翻到墙外，就是一条活路。有人站下面，另一个人站在他的肩头，向墙上爬去。朱自清有些绝望，自己无论如何翻不过高墙，眼巴巴地观望，后面的枪声变得密集。墙边有人问："是学生不是？"这是墙外士兵问的。两个爬上墙的人似乎不是学生，可能得到当兵的允许跳下去。

　　一问一答，使本来紧张的气氛，仿佛要发生爆炸。朱自清觉得不能待下去，唯一的出路是继续逃。他事后知道，几个清华学生和他趴在上面，不过有两分钟的样子，发现对面马厩里，一个士兵正往枪中装子弹。他们几个人警觉起来，不管不顾地弯腰逃走，枪声中跑出马厩，来到了东门口。

　　1926年3月23日，大屠杀惨案发生后的第5天，心有余悸的朱自清，愤怒中写出《执政府大屠杀记》。此文刊于1926年3月29日，《语丝》第72期。

　　1926年3月25日，北京女子师范大学师生，为18日大屠杀中遇害的刘和珍、杨德群开追悼大会。那一天鲁迅先生参加追悼会后，独自在礼堂外徘徊，沉痛追念年仅22岁的生命。鲁迅先生在悲痛之中写出《记念刘和珍君》一文：

> 真的猛士，敢于直面惨淡的人生，敢于正视淋漓的鲜血。这是怎样的哀痛者和幸福者？然而造化又常常为庸人设计，以时间的流驶，来洗涤旧迹，仅使留下淡红的血色和微漠的悲哀。在这淡红的血色和微漠的悲哀中，又给人暂得偷生，维持着这似人非人的世界。我不知道这样的世界何时是一个尽头！[1]

韦三杰是优秀的青年，现在安放在刚秉庙的一间破屋里。一个"破"字，如同沉重的山峰，压在人们的心上。韦三杰告别家乡，来到远方求学，未来得及回报父母的养育之恩，痛苦地离开这个世界。他躺在破房子里，等候千里之外的老父亲，在初春的季节，见上最后的一面。这样的永别断人肝肠，朱自清写过父亲的背影，他自己也是父亲，深深地懂得。他悲愤地喊出："天气又这样坏；韦君，你的魂也彷徨着吧！"

---

[1] 鲁迅著：《记念刘和珍君》，原载《鲁迅散文选》，第 227 页，杭州：浙江文艺出版社，1999 年版。

# 纪念闻一多

## 闻一多是一团火

几天来，朱自清参加多场追悼会，发表纪念闻一多的文章，关于他被害接受《新华日报》记者的采访。

1946 年 8 月 18 日，成都各界人士举行悼念李公朴、闻一多追悼大会。追悼会还未开，悲情中的人们得到不好的消息，国民党的特务故意放出风声，准备破坏会场的秩序。一时谣言四起、山雨欲来，有的人因此却步。朱自清是个典型的知识分子，他有责任在肩，况且因为和闻一多的友谊，因此不顾一切前往。他作了闻一多的生平事略报告，回忆他们十多年的友谊，对他的学问、人品极为赞美。

朱自清讲述得真切感人，声音充满情感，说到精彩的地方，全场响起热烈的掌声，说到生活中感人的细节，台下的人，忍不住流下泪水，惋惜为民主牺牲的英烈。

20 多年不写新诗，纪念闻一多的日子，朱自清难以压抑内心的悲愤，写下《挽一多先生》：

你是一团火，
照彻了深渊；
指示着青年，
失望中抓住自我。

你是一团火，
照明了古代；
歌舞和竞赛，
有力猛如虎。

你是一团火，
照见了魔鬼；
烧毁了自己！
遗烬里爆出个新中国！

　　一年以后，清华大学召开闻一多逝世一周年的纪念大会，朱自清深切怀念地说："他的死，我们很悲哀，很痛苦，我们不甘心！……我现在仍然说着闻先生自己的话，'一个人倒下去了，千万人站立起来！'"

　　2013年10月2日，我来到青岛市南区鱼山路5号，寻找闻一多的故居。从红岛路进入海洋大学4号校门后，我分不清路的方向，询问一位经过的同学，他热情地说："'一多楼'向右一拐，便可看到一幢红瓦黄墙的二层小洋楼。"这是一座典型的德国风格的洋楼，德国侵占青岛期间，它是俾斯麦兵营的一部分。当年的军官宿舍，后来变成私立青岛大学、国立青岛大学、国立山东大学的第八校舍，现在是中国海洋大学的校舍。闻一多在国立青岛大学任教期间，居住在这里，人们习惯叫它"一多楼"。

走近"一多楼"，迎面是一座花岗岩石雕像，纪念碑高 4.33 米，下部为石碑座，上部为低眉沉思的闻一多先生的半身雕像。我来到一楼的窗子前，爬山虎藤蔓缠绕，也许当年闻一多在这扇窗口，夜晚点亮一盏灯，书写自己的作品。墙壁经过时间的打磨，印下深刻的痕迹，摩挲每一块砖，都能触摸历史的温度。楼前的小道上，堆积垃圾和落叶，院墙外是热闹的街道。

我看到 1946 年 8 月 18 日，悲痛中的朱自清，回想在青岛找寻闻一多故居的日子。

朱自清梳理闻一多的创作历程，他在山东大学的时候，他创作出《死水》，"阴云笼罩的表面上，见不到一缕光明，下面运行火焰，孕育出一种希望。"闻一多死前的两年，他专心研究《楚辞》《诗经》《易经》等古书。这个动荡的年代，他好似两耳不闻窗外事，一心只读圣贤书。很多人认为他脱离现实，实际上他在书里寻找，他的根却深扎于现实中。尤其最近两年，他积极参加民主运动，"为中国的民主而奋斗。他没有政治野心，不想升官发财，仅仅为了民主，而遭惨死"。这种卑鄙的手段，暴徒们无耻的行为，激起人们的愤慨。闻一多的思想转变，不仅因为政治上的黑暗，而且有现实生活的逼迫，使他重新思考国家的命运。

## 充满激情的诗人

闻一多是位诗人，二十年以前，他就是"新月派"一分子。生长的背景不同，对人生的见解不一样，他们对诗的看法上，两人不完全相似。闻一多的朋友徐志摩，不赞成这种爱国诗，觉得写下去，路子越来越窄。闻一多咬定自己的艺术方向，听取不同的意见，仍然创作这方面体裁的新诗。朱自清曾经说过，"闻先生是当时新诗作家中唯一的爱国诗人，他活着的时候，对这批评，觉得很正确。"

这是一沟绝望的死水，

清风吹不起半点漪沦。

不如多扔些破铜烂铁，

爽性泼你的剩菜残羹。

也许铜的要绿成翡翠，

铁罐上绣出几瓣桃花。

再让油腻织一层罗绮，

霉菌给他蒸出云霞。

让死水酵成一沟绿酒，

飘满了珍珠似的白沫；

小珠们笑声变成大珠，

又被偷酒的花蚊咬破。

那么一沟绝望的死水，

也就跨得上几分鲜明。

如果青蛙耐不住寂寞，

又算死水叫出了歌声。

这是一沟绝望的死水，

这里断不是美的所在，

不如让给丑恶来开垦，

看他造出个什么世界。


　　1925年，闻一多回国，目睹国内军阀混战，带来民不聊生的惨状。诗人的情绪被点燃，《死水》不是简单的情感抒发，它具有象征意义，充满激情的火药，射向腐败的旧社会。

　　闻一多的诗集《死水》，收入许多爱国诗。诗人在美国留学期间，自己感到"弱小民族"受欺的滋味。强烈的爱国情结，积聚在诗人灵魂中，《洗衣歌》写出华侨洗衣工的悲苦生活，对海外华侨是极大的鼓励。闻一多不是生活在真空中，满脑子诗性的浪漫，他是写实的诗人，它和"新月派"的艺术方针"为艺术而艺术"不相符。他歌颂美好的爱情，关注现实的生活，是苦难人的同情者。

1943年初夏的一天上午，闻一多拿着一张国民党党员登记表来找朱自清，商量是否加入国民党。原来学术界名流同时也是党国要员的傅斯年从重庆来西南联大，带来一大沓国民党党员登记表，要在教授中发展党员。中文系主任罗常培与傅斯年是北大同班同学，傅斯年便托他在教授中代为散发，于是闻一多便收到一份。傅斯年在五四时代是北大的风云人物，新潮社干将，朱自清与他可说是旧相识。但自那以后，两人各奔东西，很少往来，早已成为点头朋友。朱自清自然不会为他捧场，何况对党派政治一直抱有戒惧之心。于是他便以未接到邀请为由拒绝了闻一多，并劝闻一多不要加入，而且不出席梅贻琦为欢迎傅斯年而设的午宴。闻一多听从了朱自清的劝告，留在朱自清处吃了午饭。一杯淡酒，几碟小菜，两支烟斗喷云吐雾，两个夫子海阔天空，别有一番风味。

1943年至1944年间，国际国内形势发生了巨大变化。国际反法西斯战争取得重大胜利，德国法西斯灭亡在即，而国内的正面战场却一溃千里，国民党军队在日寇发动的豫湘桂战役中不堪一击，短短几个月，损失军队六七十万，丧失国土二十多万平方公里。日军前锋挺进贵州独山，直逼四川，重庆为之震动，"大后方"岌岌可危。生活在大后方的人民实在无法忍受国民党统治下贪污成风、特务横行，物价暴涨、民生凋敝的黑暗腐败之苦，纷纷起来反抗国民党统治，大后方的民主运动再度高涨。[1]

西南联大的师生陷入艰难困苦中，不要说学生一贫如洗，教授也早已揭不开锅。

艰苦的条件下，人们饿着肚子为自己的理想奋斗。一些老师在西南开展田野调查，采集大量的民族学和语言学的标本，丰富学术的生活。罗常培曾经几次，对西南少数民族的语言，进行大量的调查，汪曾祺的老师沈从文，邀请许多作家来校作讲演，将学生中优秀的文章推荐到刊物上，把学校学到的知识和社会互动起来，这些好风气，影响学生的一生。

> 昆明是个好地方。草木、街市、茶舍、书店、衣食、岁时等，都不同于内地。那里地处高原，少数民族多，城里的味道是特别的。对于有诗人气的人来说，都有可感可怀的内容。那时候是战时，空气里流着火药味。大学也是匆忙组建的。没有像样的校园，那么天地间就算即食之所，有什么比这还要快乐呢？他常去的图书馆，在他眼里是神秘又可亲的，曾说那是他一生中去过最多的图书馆。连上课也是随便的。除了朱自清过于严格外，其他的老师上课，都很轻松，似乎也喜欢了悠闲的氛围，自在地讲着天南地北的事情。比如金岳霖的课，就很有意思。他回忆说：

> 金先生的样子有点怪。他常年戴着一顶呢帽，进教室也不脱下。每一学年开始，给新的一班学生上课，他的第一句话总是："我的眼睛有毛病，不能摘帽子，并不是对你们不尊重，请原谅。"他的眼睛有什么病，我不知道，

① 姜建著：《朱自清》，第 196 ～ 197 页，杭州：浙江人民出版社，2013 年版。

只知道怕阳光。因此他的呢帽的前檐压得比较低，脑袋总是微微地仰着。他后来配了一副眼镜，这副眼镜一只的镜片是白的，一只是黑的。这就更怪了。后来在美国讲学期间把眼睛治好了，——好一些，眼镜也换了，但那微微仰着脑袋的姿态一直还没有改变。他身材相当高大，经常穿一件烟草黄色的麂皮夹克，天冷了就在里面围一条很长的驼色的羊绒围巾。联大的教授穿衣服是各色各样的。闻一多先生有一阵穿一件式样过时的灰色旧夹袍，是一个亲戚送给他的，领子很高，袖口极窄。联大有一次在龙云的长子、蒋介石的干儿子龙绳武家里开校友会，——龙云的长媳是清华校友，闻先生在会上大骂"蒋介石，王八蛋！混蛋！"那天穿的就是这件高领窄袖的旧夹袍。朱自清先生有一阵披着一件云南赶马人穿的蓝色毡子做的一种。除了体育教员，教授里穿夹克的，好像只有金先生一个人。他的眼神即使是到美国治了后也还是不大好，走起路来有点深一脚浅一脚。他就这样穿着黄夹克，微仰着脑袋，深一脚浅一脚地在联大新校舍的一条土路上走着。①

朱自清也是其中的一位，生活得窘迫，好不到哪里。这时期，朱自清的身体状况不好，胃病带来痛苦，时常疼痛得呕吐，使得他营养不良，睡眠也受到极大的影响，精神状态十分不佳。有一段时间，他胃病较重，死的念头缠绕他，几乎难以摆脱。物价猛涨，家庭是沉重的包袱，工资入不敷出，经常典当家中物品，维持家存在下去。疾病的痛苦、精神的沉重，压得他挺不住。贫病交加，犹如两道绳索捆缚身上，他无力进行抗争。

① 孙郁著：《汪曾祺的昆明》，原载《收获》，2011 年 5 期。

政治系教授张奚若因付不出房租，遭到房东的侮辱，闻一多全家人，吃不起一顿豆腐，只能吃豆腐渣。闻一多儿子闻立雕，在回忆父亲时说：

> 为了省吃俭用，我们吃的是价钱最低，里面尽是沙粒、稗子甚至老鼠屎的红糙米；吃菜，十天八天见不到一点荤腥，成年累月就是些萝卜、白菜之类的低档菜、大路菜，而且为了省油，煮的多，炒的少。此外就是腌咸菜、萝卜干、豆腐乳等，有时农民喂猪的豆腐渣也买来和白菜一起熬着吃。父亲自己常常以烧干辣椒蘸盐巴就饭，吃一口饭，咬一口辣椒，一顿饭就这么对付过去了。饭桌上最上等的佳肴是豆腐，父亲对我们说着是"白肉"，多么多么有营养，让我们多吃，他自己却很少动筷子。[①]

现实残酷无情，西南联大的教授，开始出现两极分化。其中一派，为了保存自己的活路，投靠国民党政权。另一派宁为玉碎，不为瓦全，他们拍案而起。历史系教授吴晗、政治系教授张奚若等人，纷纷投入到民主运动中。作为诗人、教授的闻一多，曾经是新月派的诗人，他的创作理念是唯美主义。后来埋身古籍，似乎与现实相隔遥远，天天扎在《楚辞》《周易》、甲骨文、钟鼎文的深处，两耳不闻窗外事。闻一多的头脑清晰，他不是生活在世外桃源，几年抗战中个人所经受的变化，耳闻目睹的战争灾难，使他的思想有了相当大的变化。他不会躲入书房中、沉浸书卷里，他是冲在最前面的先锋。

1943 年，吴晗做介绍人，闻一多加入了中国民主同盟。这是他

---

① 闻立雕著：《红烛——我的父亲闻一多》，第 154 页，北京：新华出版社，2009 年版。

人生的转折点，从此之后，他投身于各种座谈会、报告会，以诗人的热情参加讲演会，发挥诗歌特有的艺术形式，朗诵会上读自己的诗。他创作大量的杂文，向黑暗的社会宣战，大声疾呼暴风雨早一些来到。

1944年的"五四"纪念周，在西南联大民主运动史上是个转折点。

5月4日，西南联大照例放假一天。一大早，民主墙上雨后春笋般地贴满了各种壁报，悠悠体育会在昆北操场上举行了营火晚会，中文系的文艺壁报社在南区十号大教室组织了文艺晚会。以"五四运动与五四新文艺运动"为中心议题，邀请朱自清、闻一多、杨振声、罗常培、沈从文、冯至、李广田七位教授进行讲演，朱自清的讲题是"新文艺中散文的收获"。这一天来的人极多，南区十号坐不下，会议临时决定改在图书馆进行。由于争座位，同学间发生争执，加上特务学生的捣乱，晚会未能开成。

5月8日晚文艺晚会重新举行。会前西南联大中文系主任闻一多联名发出通知这次除原请七位教授外，又增请孙毓棠、卞之琳、闻家驷，一共十位教授。

西南联大图书馆前的大草坪前，电灯和汽灯交相辉映。西南大学生和闻讯赶来的云南大学、昆明师范的学生共三千多人黑压压地坐满了草坪。为防止特务和三青团分子捣乱，学生组织了纠察队在四周巡察。十位教授一个个登台讲演，讲的都是文学问题，核心都不离民主自由的"五四"精神。三个多小时的大会，自始至终，会场安静而气氛热烈。最后，闻一多跳上台去，指着刚从云层中钻出来的月亮，大声地说："朋友们。你们看。月亮升起来了，光明在望。但是乌云还等在旁边。随时会把月亮盖住！'五四'的任务没有完成，我们还要努力！我们还要科学，要民主，要冲破孔家店，要打到封建势力和帝国主义！"[1]

闻一多遭杀害的前两年，他对自己诗的看法有了变化。1923年9月，闻一多出版个人的第一部诗集《红烛》，它在诗人的创作中，具有里程碑的地位。诗集出版后多年，他经受太多的东西，国仇家恨，战争带来的贫困交迫，让他由唯美面对现实。他梳理过去的作品，对《红烛》非常不满意，对带有浪漫唯美派的诗，不愿承认是自己的作品。《红烛》是一个时代的结晶，当时年轻的闻一多，沐浴五四时代青春的激情，他有砸烂旧礼教束缚、奔向浪漫的新时代的冲动。

> 红烛啊！
>
> 这样红的烛！
>
> 诗人啊
>
> 吐出你的心来比比，
>
> 可是一般颜色？
>
> 红烛啊！
>
> 是谁制的蜡——给你躯体？
>
> 是谁点的火——点着灵魂？
>
> 为何更须烧蜡成灰，
>
> 然后才放光出？
>
> 一误再误；

---

[1] 姜建著：《朱自清》，第198~199页，南京：江苏人民出版社，2013年版。

矛盾！冲突！

……

红烛与火焰充满革命的激情，是对精神的赞美，高举昂奋之情，也是五四精神的发扬光大，扫除心灵深处的阴云，从文化意识的痛苦冲突中振作起来。朱自清评价闻一多时说："他一向最赞美人民的诗人杜甫。因为杜甫这位作家最关心人民的痛苦，例如当时征兵的痛苦，并能在诗中表现出来。"

2015 年 5 月 1 日，今天是国际劳动节，北碚从夜里下雨，雨滴的清脆声，从窗外一阵阵扑来。伴着雨声读朱自清对友人的怀念文章，仿佛看到他伏案书写，笔尖淌出温热的文字。

从唐朝兴起的律诗，一向没有人怀疑，"它是中国诗中的精粹诗体，可是闻先生开始怀疑了"。闻一多在"新月派"时期，写的诗中有格律，后来发生改变，从唯美到批判恶不是形式的转变，是思想斗争的结晶。朱自清听他在昆明讲过，诗歌与舞蹈时说，"诗和原始人、小孩、疯人是一样的。"它们是力量的表现、激情的爆发。他讨厌甜丝丝的诗，漫出萎靡不振的声音。火把燃烧出的光焰，是对光明的渴望，它们积淀原始的情感、生命的信仰和期望。闻一多所倡导田间的诗，他说的每一句，如同擂响的鼓声，不是歌舞升平的弦乐。诗人约瑟夫·布罗茨基指出："如果有什么东西可以替代爱，那就是记忆。"[1] 朱自清回忆，闻一多喜欢朗诵诗，在昆明西南联大时，有一次，他充满激情地朗诵艾青的《大堰河》。卅一年，闻一多写了八首诗，写的是八位教授。朱自清读过其中的一首，闻一多的诗风大变。他未被杀害前，曾经想改编《楚辞》中的《九歌》，

---

[1] ［美］约瑟夫·布罗茨基著，黄灿然译：《小于一》，第 125 页，杭州：浙江出版联合集团、浙江文艺出版社，2014 年版。

用现代的语言写成歌舞剧，表现农民脸朝黄土背朝天，把劳动中的艰难苦痛写出来，预备要在"诗人节"之前争取完成。他未能实现愿望，带着遗憾离开这个世界。

## 编辑闻一多全集

1946 年 5 月，西南联大完成历史的使命，结束漂泊的日子，复员回到北平。

6 月 14 日，朱自清告别闻一多，只身离开昆明，返回成都与家人团聚。

闻一多在昆明，没有盘算将来的生活，他在为民主运动奔走。6 月底的时候，昆明各界人民组织"争取和平联合会"，声势浩大，他和民盟昆明支部的同仁，推动运动的高潮，发起万人签名运动，他修改《致蒋介石毛泽东呼吁和平宣言》。

昆明的民主运动，产生巨大的影响，国民党视他为眼中钉。在闻一多和民主人士的共同努力下，并未因西南联大复员，停止一切活动，民运仍然如疾风暴雨，要砸烂旧的东西。如火如荼的民运面前，闻一多等人士的影响力，迫使国民党撕破脸皮，露出真实的嘴脸，举起统治者的屠刀。

以后的几天中，接连发生悲惨的刺杀事件，7 月 11 日，民盟中央委员、民盟昆明支部负责人、爱国民主人士李公朴被暗杀。7 月 15 日，民盟中央委员、民盟昆明支部另一负责人、西南联大中文系教授闻一多又被暗杀，同时被杀害的还有其长子闻立鹤。

血案的消息传出，震惊国内各界。1946 年 7 月 17 日，朱自清远在成都，得知此事的信息，无比悲痛，又有一种愤怒。这么有才华的一位诗人、教授，被当局的子弹射倒。他难抑情感，立即给学校写了一封信，又给闻一多的夫人发去慰问函：

闻太太大鉴：

今天见报，一多兄竟遭暴徒暗杀，立鹤也受重伤！深为悲愤！这种卑鄙凶狠的手段，这世界还成什么世界！一多的丧事想来已经办了，立鹤的伤势如何？极念。盼望他能够渐渐好起来！

您一定极伤心。但还有五个弟妹要靠您教养，盼望您在无可奈何中竭力镇静。您身体也不好，更盼望您注意自己！

学校方面我已有信去，请厚加抚恤。朋友方面，也总该尽力帮忙，对于您的生活和诸任的教育费，我们都愿尽力帮忙。

一多兄的稿子书籍，已经装箱。将来由我负责，设法整理。家中若还有遗稿，请交何善周先生。如何先生已走，请交叶兢耕先生。我已有信给叶先生了。

立雕、立鹏想还在重庆，他们一定也极伤心。他们的行止如何？也极系念。

专此，敬请节哀

朱自清七月十七日

信寄出去后，朱自清的悲愤难以平复，他在日记中写下当时的感受："报载一多于十五日下午五时遇刺，身中七弹。其子在旁，亦中五弹。一多当时毙命，其子仍在极危险情况中。此诚惨绝人寰之事。自李公朴被刺后，余即时时为一多之安全担心，但未想到发生如此之突然与手段如此之卑鄙！此成何世界！"

记忆中的一天下午，他们各自坐在书桌前，他和闻一多有空闲聊。东扯西拉，聊到生与死，谈及人寿保险一事。随后两人算起各自的寿命，闻一多信心满满地说："我可以活到 80 岁。我的父母都是 80 多岁才死的。我向来除了伤风没害过什么病，活 80 岁总是可以的。"朱自清附和说："你活 80 多岁大概不成问题。你身体好。清代考据家多半是大年岁。我不成，我只希望 70 岁。"那次闲谈时的场景，闻一多说到自己能活 80 岁时，那种得意的神情，发出天真的笑声，似乎在耳边回荡。谁也未想到他才 47 岁，倒在了国民党特务的枪口下。

朱自清回忆司家营的两年生活，他和闻一多在一起的日子。

1941 年 11 月 13 日，下午朱自清雇了一辆马车，去黄土坡黎园村搬自己的东西。黄昏时分，运货的马车到了司家营清华文学研究所。

这是一座老院子，木质结构的建筑，散发原生的气韵，院间有不大的天井。楼上的采光好，能得到阳光的照晒，望出很远去。楼下的遮挡物多，一天到晚阴暗，这里的环境安静，没有日本鬼子的空袭干扰，便于著书研究。闻一多的家，住在侧楼的一间屋里，朱自清只身一人，与浦江清、何善周、许骏斋合住，在闻一多对面的楼上。生活条件艰苦，居中的大楼是图书室，又是大家共用的书房。朋友们住处相近，走动起来方便，他和闻一多的交往频繁。

朱自清想起那一段日子，也是他们交流学术和创作的黄金时光。两年多中，朱自清总想集中精力，细读他的所有手稿。闻一多爽快地答应，也许相距太近，几乎天天见面，朱自清以为随时能读。事情一直耽搁，直到离开司家营，分别搬回昆明市，也没有读过一次。

司家营的第二年，闻一多把更多的工夫花费在学术上，重新研究《庄子》，他对朱自清说，准备花五年的时间在这部书上，同时对古文字和《诗经》《楚辞》深入研究。

从司家营到城里，有一条公路相通，不通直达车，每次上课徒步前行。朱自清想出一个办法，将课程集中于三天。每个星期二，他夹着装教案的布包，只身沿金汁河的堤岸，向西步行十几里地，去联大上课。金汁河发源于盘龙江，从松华坝起，沿莲峰山麓流淌，一路蜿蜒奔西。它是昆明古"六河"之一。金汁河开凿于南诏时期，它的原名为"金棱河"。据文献资料记载，大理国国王段素兴，征调大量劳夫，疏浚金汁河与盘龙江的渠道，然后在堤岸上大面积种植花木，"黄花入河，如金汁然，故呼为金汁河。"一路风光秀美，空气清新，鸟儿的叫声，陪伴寂寞的长路。

上完课，星期五上午，朱自清再步行返回司家营。在城内北门街71号清华宿舍，他与沈从文、陈省身、陈福田、钱端升等人住一间屋。一座旧的两层楼房，他住二楼的西北角。站在窗口，眺望曾经是云南总督唐继尧的私家花园。朱自清在这个地方，住到抗战胜利，直至返回北平。同屋的室友沈从文回忆这段生活时说：

> 那间统舱式的旧楼房，一共住了八个单身教授，同是清华二十年同事老友，大家日子过得够寒碜，还是有说有笑，客人来时，间或还可享用点烟茶。……房子还坍过一次墙，似在东边，佩弦先生幸好住在北端。……佩弦先生住处一面和温特教授小楼相对，另一面有两个窗口，又恰当去唐家花园拜墓看花行人道的斜坡，窗外有一簇绿莹莹的树木，和一点芭蕉一点细叶紫杆竹子，有时还可看到斜坡边栏杆砖柱上一盆云南大雪山种华美杜鹃和白山茶，花开得十分茂盛，寂静中微见凄凉，雨来时风起处一定能送到房中一点簌簌声和淡淡清远香味……就在那么一种情形下，《毁灭》与《背影》作者，站在住处窗口边，没有散文没有诗，默默地过了六年。这种午睡刚醒或黄昏前后镶嵌到绿荫莹莹的窗口边憔悴清瘦的影子，在同住七个老同

事记忆中，一定终生不易消失。[①]

朱自清讲授"文辞研究"，中文系为了发挥他的专长，特意开设的一门课程。这方面的资料，因为平时注意搜集整理，他讲起来比较自由轻松。

大多数人不愿学这门课程，主要是内容枯燥，只有王瑶和季镇淮两个学生选修。不管人多人少，朱自清从不马虎大意、潦草对付一下，他和正常讲课一样。

朱自清从闻一多的身上学到很多的学问，对他的手稿偏爱。闻一多的书稿用楷体一笔一画地抄写，看不出杂乱。

1945年春，有一天，朱自清为了文学史上的一个问题，找闻一多参考他的稿子。清早上门去他家，事先没有预订，他已经出去开会。朱自清经得闻太太的允许，自己翻看闻一多的稿子。一段段地读下去，越看越有意思，一口气读了大部分的手稿。让人想不到的是，不隔半年的时间，朱自清竟然要编辑他的遗稿。闻一多才47岁，正值学术的高峰期，无论哪一方面都无可限量。然而他竟遭受卑鄙的毒手，巨大的损失，不是金钱可以估量的。

闻一多是个执着的人，专心致志地研究学术，很少人赶得上。他做事言行一致，蒙自的时候，他在住歌胪士洋行的楼上，一天难得下楼，整日伏在书卷中研究。几位同事送他一个雅号，称他为"何妨一下楼斋主人"。

半年多来，读闻一多的稿子，感受到他精深的见解、视野的广阔。面对工整的一堆堆手稿，真不知该如何下手。

期间发生一件事情，朱自清觉得十分可惜，从昆明运来闻一多

---

① 沈从文《不毁灭的背影》，原载《心与物游》，第141～142页，西安：陕西师范大学出版社，2007年版。

的第一批稿子，因为运输中不慎，箱子里渗进水，有些粘在一起揭不开。实在没有办法，请人专门一页页地掀开。有的粘连太实，揭破了一些，有的幸免破损，也有生出霉痕的斑点。幸运的是重要的稿子完整无缺，那些破损的稿子，不妨碍编辑工作。稿子陆续到齐。去年十一月，清华大学梅贻琦校长，聘请雷海宗、潘光旦、吴晗、浦江清、许维遹、余冠英和朱自清，七位教授组成"整理闻一多先生遗著委员会"，朱自清被任命为召集人。

朱自清拟定了一个计划，召开全体委员会会议，交给大家审阅。委员会一致通过，全集交给家属去印，委员会不必列名。

　　　　委员会的工作先集中在整编那几种未完成的巨著上。于是决定请许维遹先生负责《周易》和《诗经》，浦江清先生负责《庄子》《楚辞》，陈梦家先生负责文字学和古史，余冠英先生负责《庄子》和《楚辞》，陈梦家先生负责文字学和古史，余冠英先生负责乐府和唐诗，而我负总责任。但是这几种稿子整编完毕，大概得赶着先将全集编出来。

朱自清想在《联大八年》中，收入那篇《闻一多先生事略》。史靖先生写的《闻一多的道路》一书，已经成为单行本。在成都李公朴、闻一多的追悼会上，他见到过一篇小传，讲到闻一多的童年，这个比较详细。他猜测是马哲民写的，因为他和闻一多是小时同学，那天他在场。全集付印的时候，加上闻一多的像，附上一些手稿和刻印，文字和图片相配，让读者读起来，多一分亲切，见到其人一样。

# 朱自清与成都

## 成都的日子

1940 年，朱自清按惯例休假一年，这次距离 1931 年，已经过去八年了。他第一次休假，那个时候的局势稳定，清华朝气蓬勃，天天向上，学校有一笔科研经费，资助他访学欧洲。

朱自清八年后向学校提出申请，要求下年度休假做课题研究，将计划向学校提交。经过清华教授会研究，批准他的请求。一次难得的机会，他回到成都和家人团聚。

随着抗日战争的发展，双方进入相持阶段，日本侵略者加强对国统区的经济封锁，大后方的物资供应紧张。1940 年 5 月，日本迫使英国人封锁滇越、滇缅的交通，中断从海外运送战时物资的要道，昆明首当其冲，几乎一夜间物价暴涨，从 1 月份开始，联大教授们的薪水全额发给。看似不少的钱，赶不上飞涨的物价。

妻子陈竹隐又怀孕了，一大家子人依靠这点收入，难以维持下去。思前想后，朱自清竟然找不出好的办法。无奈的情况下，他只能退一步，让妻子带着孩子，回到她的家乡成都，那里的物价相对

朱自清与陈竹隐

稍微低一些，自己留在昆明。生活的窘迫，为了筹措路费，朱自清忍心以三百元的便宜价格，卖掉由伦敦带到北平，然后带到昆明的留声机，还有两张音乐唱片。

一个家缺少了妻子和孩子，顿时变得没有生气。妻子在时，朱自清生活上的事情，一点不用自己操心，现在妻子一走，没有人问寒问暖。日子贫困不说，连个说真心话的人都找不到。朱自清年轻时漂泊外头，知道如何应对，他努力将生活起居安排得条理清楚，不多花一分钱。时局的动荡不安，物价眼瞅着攀升不落。朱自清的压力大，除了照顾妻儿之外，他必须负担扬州的老人。朱自清满腹的学问，每天却为了一口饭，苦苦地挣扎。营养不良的情况下，他的胃病时常发作，人变得消瘦，脑袋显得硕大，长在瘦弱的肩膀上，合身的衣服，现在晃里晃荡的。两边的鬓角，爬出灰色的头发，消瘦的脸上不光泽，挤出细碎的皱纹，人突然苍老许多。

关于朱自清和陈竹隐的恋爱，据笔者的表叔、现居成都的退休高级工程师金拾遗老人讲，30年代初，他与哥哥金襄七、嫂嫂钟霞裳住在北京世交吴中黄家。吴中黄是清末志士、北洋陆军第六镇统制、因响应武昌起义被袁世凯派人暗杀的吴禄贞的儿子，也是金襄七的好朋友；嫂嫂钟霞裳是四川著名人士钟体乾的女儿，又是陈竹隐在四川省立女子师范的同学，她俩友谊甚笃，情同姊妹，当时大家都在北京，往还甚密。陈竹隐与朱自清相识后，常偕朱自清来吴宅与他们聚会，其乐融融，朱自清亦称钟霞裳为"七嫂"。1932年，朱自清与陈竹隐在上海杏花楼酒家举行婚礼，文化界知名人士茅盾、叶圣陶、丰子恺等参加了婚宴。

抗日战争爆发后，朱自清随校南迁昆明，任西南联合大学中文教授。国难时艰之际，公务员薪金菲薄，物价高昂，生活难以维持。陈竹隐理解丈夫的艰辛，毅然携子女回到故乡成都，朱自清则一人留在昆明。

陈竹隐回到成都后，居住在金氏昆仲因旧居拆迁而临时修建在蓉城东门外宋公桥畔报恩寺内的简易住宅内。金家住前院，陈竹隐一家住在后院另行搭建的三门平房。这时的金襄七已是成都著名的实业家，陈竹隐一家的日常生活也得到金家的关照。当时日寇飞机频繁空袭成都，住在这里倒免却了"跑警报"之苦。

宋公桥和报恩寺原是成都的名胜古迹，临近锦江，斜对岸便是有名的望江楼、薛涛井。民国时期，著名学者、诗人、书法家谢无量凭吊报恩寺遗址曾有诗道："报恩元古寺，小隐作茅堂。竹外无墙壁，花间得卧床。江声终日在，云意坐时凉。何必寻丘壑，郊原乐事长。"可见其时的报恩寺一带已是江郊野趣盎然、景色宜人的去处。离此不远是建于明代的九眼桥，这里是成都到重庆或顺江东下出川的水陆码头，当时成都及周边地区的生活资料大多靠水上运输，因此也是商贾云集、车马辐辏、舟船熙来攘往的一隅繁荣之区。陈竹隐一家住在这里，物价比较低廉，起居行止也很方便。此后，朱自清但逢西南联大休假，则由昆明回到成都省亲。据金拾遗老人所谈和近年出版的《朱自清年谱》记载，先生从 1940 年至 1946 年随校回迁北京，断断续续在成都度过了近两年的时光。[1]

成都东门外的宋公桥，离望江楼不远。穿过住满贫苦百姓的前院，一片橘林边新搭的三间茅屋，泥地，竹篱泥巴墙，茅草覆盖房顶，

---

[1] 李兴辉著：《朱自清成都结良缘》，原载《世纪》，2003 年 1 期。

冬天阴冷，夏天闷热，阴天下雨的日子，墙角会长出毛，朱自清一家住在这里。茅屋和当时住在清华园北院的独门小院，有天壤之别，家人团聚一起，毕竟令人高兴。妻子的悉心照料下，朱自清的胃病犯得少多了，身体渐有起色，不过亏损过多，短时间内要想康复，非常困难。

1929 年，朱自清的前妻武仲谦因病去世，痛苦笼罩在心中无法摆脱。很长的一段时间，他出现幻觉，每次推开门，似乎听到妻子的脚步声，接着是温柔的问候。他如同卷进漩涡中，高举起双手，想大声地呼喊，却被涌来的水淹没。他的精神状态不振，对一切事情不感兴趣。朋友们心疼他的样子，好心相劝续弦，重新组建家庭，他一一致谢。

一个家庭看不到女人，实在不算个家。况且孩子缺少母爱，缝缝补补，洗洗涮涮，照顾不了日常生活。朱自清身为教授，不会有更多的时间看护孩子们，把他们留在祖父母身边。只身一人生活，工作一天下来，回到家中打开房门，扑面的是孤独的气息，面对清冷的墙壁，他的目光犹如受惊吓的鸟儿，不愿回到寂寞的家里。

朱自清一肚子学问，持家的本领极差，又是个工作狂。一天三顿饭，由俞平伯派家人做好送来，这是短期行为，长此以往不是办法。

这个节骨眼上，天真活泼的姑娘出现。1903 年 7 月 14 日，陈竹隐出生于成都，兄妹中排行最小。她出身于书香门第，原籍是广东，她家很早离开那里，迁居四川的成都。陈氏家族到了陈竹隐的父亲一代，家道已经败落，12 个孩子及家人的生活，依靠父亲陈正新教些散馆、在估衣铺工作的微薄收入，维持清苦的日子。

陈竹隐过早地成熟，16 岁那年，母亲因病不幸过世。母亲离开不过百日，父亲在悲情和贫困的打击下，带着遗憾离开人世。短时间内，两位老人相继谢世，对于陈竹隐是个很大的打击，余下的人生路，没有人可依赖，只有依靠自己的双手，打拼生活的道路。

　　陈竹隐以优异的成绩，考入四川省立第一女子师范学校。毕业以后，她来到青岛当上电话局接线员。一年多后，又考上北平艺术学院，拜在绘画大师齐白石、萧子泉、寿石公等先生门下，专攻工笔画，同时学习昆曲。

　　四年毕业后，陈竹隐进入北平第二救济院工作。她心地善良，忍受不了救济院院长的卑劣行为——克扣孤儿的口粮，愤然辞职。以后陈竹隐做家庭教师，教人学习作画，一边在浦熙元门下学习昆曲。

　　红豆馆主浦熙元，他是清皇室的后代，对政治不感兴趣，每天抚琴绘画，自娱自乐，"皮黄昆曲，生旦净末，无一不会，无一不精，是北平戏曲界的名票友。"他的兴趣广泛，艺术功力深厚，曾受邀去清华大学讲授昆曲，从此与许多教授结为好朋友。他晚年生活清寂，开设艺馆教授徒弟，也教闺阁中的小姐、在校学生及教授夫人学唱昆曲，陈竹隐是其中的一位。

　　陈竹隐一天天长大，远离家乡，一个人漂泊在外，浦熙元作为师傅，关照这个四川女孩，对她的婚姻大事颇为热心。有一次浦熙元问好友，外文系教授叶公超聊起这件事情，真诚地请他帮忙，叶公超爽快地答应并介绍朱自清。

　　1931年4月，秋日的一天，浦熙元带着几个女弟子来到西单的大陆春饭店，其中有陈竹隐。男方这方面，由媒人叶公超、浦江清，陪同朱自清与陈竹隐见面。这是一个难忘的日子，陈竹隐无法忘记，她在回忆中说：

　　　　那天佩弦穿一件米黄色的绸大褂。他身材不高，白白的脸上戴着一副眼镜，显得挺文雅正气，但脚上却穿着一双老式的"双梁鞋"，又显得有些土气。回到宿舍，我的同学廖书筠就笑着说："哎呀，穿一双'双梁鞋'，土气得很，要我才不要呢！"我却并不以为然。他写的文章我读过一些，我很喜欢，很敬佩他，以后他给我来信我也回信，于是我们便交往了。

那时我住在中南海，佩弦常常进城来看我，我们共同游览瀛台、居仁堂、怀仁堂；有时共同漫步在波光潋滟的中南海边，有时清晨去钓鱼。一次我居然钓到一条半尺长的鱼，还请佩弦喝了鱼汤。佩弦是个不苟言笑，做文章非常认真的人，他常常把他的文章读给我听，有时为了一个字仔细推敲，征求我的意见。

当我知道佩弦在扬州老家还有六个孩子的时候，心里也有过矛盾和斗争。但我与他的感情已经很深了。我怎能嫌弃这无辜的孩子们呢？我觉得做些牺牲是值得的。

那时北平结婚还要坐花车，穿披纱礼服，礼节很多，而上海比较开明，于是我们就决定在上海结婚。我们用当时上海最新式的简便方法举行了结婚典礼：事先发个结婚帖子；1932 年 8 月 4 日那天，请了文艺界的一些人士，我记得有茅盾、叶圣陶、丰子恺等人，在一个广东饭馆聚会了一次；饭罢，我与佩弦便回到旅馆。我们没有那罗曼蒂克的恋爱史，我们就是这样朴素而又真诚地相爱并结婚了。

佩弦是个非常勤奋的人。我们度蜜月时，他带着旅途回来的疲倦，就开始了紧张的写作生活。为了他能安安静静地写，我们特意住在普陀一个小寺院里。此后，我们共同生活的十七年的时间里，佩弦从没放松过一分一秒。他的作息时间是安排得很严格的：早晨起床做早操，用冷水擦澡，洗脸，漱口时就把书放在洗脸架上看，然后喝一杯牛奶就到图书馆去。中午回家吃饭，饭后看报。图书馆一开门便又去了。吃罢晚饭，还要去图书馆，直到闭馆才回家。进家门便又摆上东西写，一直到 11 点休息。除了生病，我从未见他 11 点前睡过。[1]

陈竹隐艺术造诣深厚，又有四川人火辣的性格，自由地追求幸福。一个人离开家乡在外闯荡，丰富的人生经历，让她渴望平稳的生活。她也懂得建立家庭非易事，需要两个人共同维护，才能寻找到幸福。陈竹隐不是一味追求物质的人，她观察朱自清的言行，发现他不是轻飘的人，是一个知识富有的人。从此他们开始接触。

朱自清为人随和，在成都的日子，他与朋友们交往，虽然胃病折磨他的身体，但度过了一段快乐时光。

金拾遗老人说，那时我们都管朱自清叫"朱大哥"，先生的家口多，负担重，以他一人的收入维持全家的生活是比较困难的，虽然我们大家在一起并不分彼此，但先生是一位洁身自好的谦谦君子，从不愿向人吐露自己的窘况。每到夜晚，朱先生为节约资金开支，就在 20 瓦的白炽灯下看书写文章。那时候成都工业非常落后，电力不足，灯光昏暗可想而知，先生视力又差，因此他以小老弟的身份劝先生注意身体，朱先生总以谦和的微笑表示感谢，于是金拾遗便坚持给他换上了一个瓦数大一些的灯泡。金老、朱自清和叶圣陶先生都是老大哥，且是温文尔雅的典型文化人，喝酒都是用很小的杯子，肴馔也极简单，常常浅斟慢酌，娓娓叙谈。朱自清很喜欢吃成都的水豆豉，这是用四川特产的红苕豆豉加上辣椒面、生姜粒等调料兑水而成的佐餐食品，但先生吃姜粒，

---

[1]　陈竹隐著:《朱自清的妻子回忆朱自清》，原载《文汇报》，2003 年 2 月 19 日。

钟霞裳常为他专门制作，改用生姜榨成汁代替姜粒，朱自清对此非常满意，常带回昆明食用。①

朱自清听过不少人说，"说成都是中国第四大城。城太大了，要指出它的特色倒不易。"也有人说，这座城市和北平相像，如果和北平一样，成都就不是成都，妙处在像和不像之间。他记得易君，关于成都的一首诗写得地道：

> 细雨成都路，微尘护落花。
> 据门撑古木，绕屋噪栖鸦。
> 入暮旋收市，凌晨即品茶。
> 承平风味足，楚客独兴嗟。

成都地处大西南，很少有人来过，只要住过成都的人，都能品出每个字中的味道，它抓住成都的神韵。

春天的成都，细碎的小雨是常事，如果没有雨，失去很多的特色。路面情况相当好，就是有些湿滑，一个人行走，呼吸湿润的空气，身心特别舒坦。要是在庭园中散步，观察雨打落的坠花，躺在土地上。

成都旧宅门前，有几株泡桐树或黄桷树，它们结实粗大。巨大的树干，撑起硕大的冠头，投下一片绿荫地。只能望见树，不见掩映其中的屋子，几乎找不到大门。

成都的商家收市早，朱自清刚来时不习惯。晚上8点，营业的好时间，街上的店铺，似乎得到统一的口令，响起一阵上板门的声。接着熄灭电灯，屋子变得黑暗。朱自清是成都的女婿，但他是外乡

---

① 李兴辉著：《朱自清成都结良缘》，原载《世纪》，2013年1期。

望江楼

薛涛（据清刻本《百美新咏图传》）

人，认为商家是典型的农耕社会的习惯，仔细一想，其实也挺好的。这儿人起得早，"入暮旋收市，凌晨即品茶"，是成都的真实生活。

成都是休闲的城市，适应人类生活。茶馆中的龙门阵，哗哗作响中的麻将牌，人们沐浴新升的阳光，享受每一天的生活。1941年5月18日，朱自清在日记中说：

> 米价飞涨至六百元左右一担，这一情况及我休假行将期满，都使我很忧虑，我的研究工作远未完成，我们可能指望政府的补助，但补助将与当地米价一致。我们的补助无疑是根据昆明物价，而昆明物价比这里低得多，我的家庭必须住在这里，因此补贴比起没有搬家到这里时大大不够。举家迁此，实在铸成大错，现在无法弥补，甚至以我生命为代价。等着瞧吧！

悠闲的生活节奏，无法减压家庭的重担。朱自清当初以为成都物价比昆明低，残酷的现实，否定浪漫文人的想法。面对飞涨的物价，他承受不了家庭的负担。

## 朱自清与叶圣陶

抗日战争前，两人一南一北，朱自清在遥远的北平，叶圣陶在上海，彼此间书信往来，聚在一起的机会很少。抗战爆发后，叶圣陶携家来到成都，没有想到两位老友，在战火纷飞的日子，经历太多险厄之后，在成都又相见了。

古老的成都历史悠久，有三千多年的建城史，曾经九次成为地方封建王朝的都城。宋公桥街，又名茗粥街。桥头有许多慈善人家，在这里施茶水、施粥饭，所以人们又称之为"茗粥街"。

成都期间，朱自清在宋公桥的处所，写下了《外东消夏录》，其中一节写到成都。他居住的尼姑庵位于宋公桥。明代初年，大文学家宋濂曾经教过太子和诸王读书，他是宰相李善长的亲家。后来李善长出了祸事，宋濂受株连判为死罪，幸运的是得到马皇后的帮助，免于一死，谪贬四川夔州，但不久死去。蜀王是他的学生，将宋濂的尸体运回成都，埋葬于静居寺旁，将它改名为"报恩寺"纪念宋濂。

离他家不远的锦江边上，有一个望江楼，是当年女诗人薛涛徘徊过的地方。薛涛是唐代的乐伎，也是一位诗人和女校书。她多才多艺，著有诗集《锦江集》，大多已经散失。薛涛不仅诗写得清丽雅正、寄意深远、抒发情操，而且她制作的笺纸个性鲜明，风格独特，具有广泛的影响，受到历代文人骚客的偏爱，具有珍藏的价值。明清时期，为了纪念这位女诗人，在锦江边上修建望江楼。

朱自清常去那儿漫步，目睹流淌的江水、水波中树的倒影，还有自己的身影。伴着哗哗的水声，他思考过许多的问题，对成都的感受，在一篇文章中有了解读。

1940 年 11 月 16 日，朱自清第一次来成都，不长时间，就有意外的惊喜，叶圣陶清晨登门拜访。分别多年未见，两人相聚欣慰无比。

叶圣陶察看友人的住处，一副清贫的样子，让他有些心酸。陈竹隐产后卧床，不能料理家务。家中的一切事务，要朱自清打理。

午饭的时候，高兴的朱自清，拿出一瓶珍藏的好酒，将云南宣威火腿做好，请老友叶圣陶品尝。两人分别多年，漂泊的异乡他地，闯过那么多的险恶风雨，对酒叙旧，谈得不过瘾，下午步行去了望江楼，品茶接着谈兴。一片片修长的竹子，在窗外的风中摇动，江流在阳光下清澄，战乱中难得安静的环境。随后的日子，两人频繁地接触，叶圣陶有一首诗写道：

南北萍踪聚，东西锦水滨。

追寻逾密约，相对拟芳醇。

　　诗情表现老友重逢的喜悦，客居芙蓉古城的情景。朱自清和叶圣陶交往二十年，经历太多的事情，这不是一般意义上的友谊。他们相聚的时间短，离别的日子长。他们在杭州第一师范教书共居一室，天天在一起，时间不过两个月。在成都是最长的一回，他们相处一年之久。朱自清住城的东部，叶圣陶的家在城西，两地相距十几里路，来往不方便。他们想出折中的办法，对双方都便利，约定好见面的时间，从各自的家中出发，在少城公园相会。

　　少城位于城区西部，又称为满城，它是清朝廷为八旗兵及其家属修建的"城中城"。平定三藩之后，居住成都的八旗兵倍增。1718年，清政府在城西修建满城，位置是在战国时张仪当年修建的少城遗址上，所以人们称它为少城。

　　少城入驻八旗子弟兵，不让外人随便进出，将军玉昆命令少城内的富裕旗民，整合自己的庭院，多修建亭榭，园内栽花种树，饲养一些动物，继续满族人狩猎的习俗，又带来安居乐业的环境，也就是少城公园的前身。

　　旧时川军出川前，常在成都少城公园举行出征誓师大会，全民同仇敌忾，各界人士前往鼓励欢送。

　　1937年9月欢送第七战区司令长官刘湘率领川军出川抗战的欢送会，就在少城公园内的大光明电影院举行。那天刘湘讲了激昂慷慨的话："为了抗战，决心率部出川，并贡献四川的人力物力……"

　　冯玉祥在抗战胜利前，也在少城公园发动过一次"慰劳前线将士献金大会"，当时有上万人参加。冯将军在纪念碑侧临时搭的献金台上，发表了激动人心的讲话，群众听后纷纷踊跃献金，几个衣衫褴褛的穷苦老百姓，也拥上台去献金。活动结束后，冯玉祥特别接见了几位献金者，还将一幅《大白菜》的画赠送给一位叫陈雪君的少女，并在画上题诗："大白菜，味正香，同胞常常吃，一定打过鸭绿江。"①

拥有百年历史的少城公园，各种花品多，树木繁茂，林荫投地，河边、房前大片的碧桃梅、芙蓉海棠，枝叶扶疏，栖在枝头的鸟鸣叫，织成恬美的画面。一到好天气，公园里的游人增多，一家家茶馆客满。朱自清和叶圣陶找一家茶馆，一张四方桌，一杯清茶，两位友人在战乱中重聚，叙谈离开的日子。饱受炸弹威逼，遭受物价暴涨的窘迫下，带来精神上的慰藉，心灵得到了安慰。

他们不是摆龙门阵，谈到所有话题，商量为中学语文教学做一些工作。叶圣陶担任四川省教育厅教育科学馆专员，督察指导全省的中学教育。大量的实际调研中，他忧虑中学语文教师队伍的现状，当务之急，需要编选一套《国文教育丛刊》，为教师提供教学上的参考。叶圣陶了解友人的知识水平，他提议两人一起合作，编写其中的《精读指导举隅》《略读指导举隅》。朱自清研究的一个方向，就是有关国文教育。早在 20 年代时，他便探讨国文教育问题。他长期做教师，没有离开过学校，对大学、中学的国文教育教学的情形熟悉于胸，积累了丰富的实际经验。叶圣陶提出的建议，朱自清积极响应，两人一拍即合。两本书的中心主题，与朱自清所著的《经典常谈》，有共同的目的，为了中学国文教育的普及和提高。它们

---

① 曹一莎著：《成都少城公园的百年沧桑》，原载《华西都市报》，2014 年 4 月 19 日。

的不同之处在于，一个重视传统文化的思想普及，另一个偏重阅读的技巧训练，两者结合、互相补充。

花费精力编书以外，他们大力推动国文教学和国文教育研究，同时，促进的有效办法，就是办了一本刊物。

1941 年 4 月，朱自清和叶圣陶联合一些人，得到四川省教育厅的赞同并大力支持他们的活动，创办月刊《文史教学》。这一本杂志，为国文教学研究开拓出一个阵地。创刊号上，朱自清发表自己的论文《剪裁一例》。

成都的日子，朱自清忍受病痛的折磨，与叶圣陶在一起，做有意义的事业，他的精神生活充实和愉快。

## 医师刘云波

1944 年 7 月 14 日，陈竹隐 39 岁的生日，战时生活艰难，亲戚朋友在她家聚会，正要开宴祝贺，朱自清突然走进家门。真是意外的惊喜，陈竹隐绝未料到丈夫的出现，一家人变得更加高兴。1943 年，朱自清家中的事情不断，先是两个儿子患上肺炎，接着女儿染上猩红热。疾病来势凶猛，病情危急，又是战乱期间，缺医少药。朱自清的小女儿，眼看着病危活不下去，刘云波医生让他的小女儿住到她的医院里。她拿出成都难以弄到的盘尼西林，在她的精心治疗下，朱自清的小女儿捡回来一条命。

多亏刘云波医生的帮助，三个孩子才得以脱险，得到康复的治疗。远在昆明的朱自清，孤独中惦念孩子们的情况。他筹措路费，准备暑假回家探望，也是为了赶上妻子的生日。

第二天，朱自清夫妇俩，专程拜访叶圣陶和为孩子治病的刘云波医生。朱自清接触刘云波医生后，感到此人平和、为人热情，作了一副对联："生死人而肉白骨，保赤子如拯斯民"，然后请叶圣陶题写，送给刘云波医生。这是他们一家人的真心实话，如果没有她的鼎力相助，现在的家恐怕已经不成为家。1948年3月17日，朱自清写了《刘云波医师》，详细记载这件事情。

刘云波于2000年6月，病逝于成都，享年95岁。她留学德国，是一位有名的妇产科专家。为了自己的事业，一生未结婚，被人们称为"西南林巧稚"。她是陈竹隐中学时代的同学，两人的关系亲密。

刘云波在成都行医10年，她自己开了一家宏济医院。抗战期间，她任成都中央军校医院妇产科主任，又兼任成都市立医院妇产科主任。抗战胜利后，军校医院重新回到南京，她不能随学校前往，又兼任了成都高级医事职业学校的校长。从刘云波的简历可以看出她为医学事业所做出的贡献，救人无数，育学生无数。

刘云波是典型的知识分子，国难当头出过自己的力量。她绝不徒有虚名，而是忠实于医生的追求，"她是真的忙于工作，并非忙于应酬等等"。刘云波做事严谨，从不马虎大意，也从没有摆架子、高人一等地瞧不起别人。凡是和她接触过的人，不论病人和朋友，没有听说过对她不满意的，她的人缘特别好。

> 刘医师和内人在中学里同学，彼此很要好。抗战后内人回到成都故乡，老朋友见面，更是高兴。内人带着三个孩子在成都一直住了六年，这中间承她的帮助太多，特别在医药上。他们不断地去她的医院看病，大小四口都长期住过院，我自己也承她送打了二十四针，治十二指肠溃疡。我们熟悉她的医院，深知她的为人，她的确是一位亲切的好医师。她是在德国耶拿大学学的医，在那儿住了也上十年。在她自己的医院里，除妇产科外她也看别的病，但是她的主要的也是最忙的工作是接生，找她的人最多。她约定了给产妇接生，到了期就是晚上睡下也在留心着电话。

电话来了，或者有人来请了，她马上起来坐着包车就走。有一回一个并未预约的病家，半夜里派人来请。这家人疏散在郊外，从来没有请她去看过产妇，也没有个介绍的人。她却毅然地答应了去。包车到了一处田边打住，来请的人说还要走几条田埂才到那家。那时夜黑如墨，四望无人，她想，该不会是绑票匪的骗局罢？但是只得大着胆子硬起头皮跟着走。受了这一次虚惊，她却并不说以后不接受这种半夜里郊外素不相知的人家的邀请，她觉得接生是她应尽的责任。

刘云波出身于富家，她是遂宁刘万和的二小姐。刘万和创办成都的刘万和绸布庄，在成都是数一数二的大店铺。刘云波的母亲，是一位慈爱的老太太，她从小受到良好的家教，继承刘家的风格。她尊敬自己的老人，母亲不幸去世得早，父亲在抗战前一年也去世，留下几个孩子。她在耶拿大学得了博士学位，想在国外继续深造，家庭出现的变故，使她放弃学业，赶回国内的家中，担负起教育弟弟们的重任。

刘云波出身于富家，从她的身上看不到娇气、大户人家的脾气、富人的吝啬劲。她做事慷慨大度，从不在事情上计较，对病人充满同情，作为医生不辞劳苦地服务。"富家出身的人往往只知道贪图安逸，像她这样给自己找麻烦的人实在少有。"这是朱自清对她的评价。

# 诗人白采

　　1926年8月，闷热的夏天，阳光毒辣，空气中的热凝滞不散。山清水秀、三面环水的白马湖边，仍然感受夏的炎热，躲在绿树的阴凉下，未见多少凉爽。朱自清在蒸笼一样的房间里，为了还一笔积存多年的文债，不顾酷暑的困扰，细读白采的诗集《赢疾者的爱》，准备写一篇评论。

　　没有想到读了一页，因身体不适病倒。他收到薰宇寄来的一封信，信中说白采死在香港至上海的船中。白采只身一人，他的遗物不多，"有文稿，旧体诗词稿，笔记稿，有朋友和女人的通信，还有四包女人的头发！"

　　朱自清拿信纸的手，微微抖动，他将薰宇的来信读好几遍，难以相信这是事实，一个鲜活的生命，这么就走了。如同他诗歌的命运，即将到达吴淞口，马上看到岸边，这样的时刻出事，也未免残酷无情。

　　白采是他的笔名，他原名叫童汉章，江西高安人，出身于地主家庭。1911年，他从笏北小学毕业后，完全依靠刻苦自修。白采多次离开家乡，漫游名山大川，过着漂泊的生活。1918年，重阳节的时候，惦记父亲回到家乡。1922年，春节后离家去上海，为了不让别人发现他的行踪，将名字改为白采。

白采是捉摸不透的人，他的个人经历，从遗物中一件件梳理，大概略知脉络。他生前的踪迹，很少有人知道，因为绝不会向别人讲。他天性独立不羁，不染世俗的尘埃，大多数人不理解。朱自清从多维的角度评判，绝不会拿普通人的眼光看，"但我们却能够看出他是一个好朋友，他是一个有真心的人。"

1923 年，朱自清先生离开杭州一师，应聘到温州教书。来到学校不久，结识老家平阳的李芳，他送朱自清一本自写的新诗集《梅花》，想请他指点一下，为此诗集作序。由于忙于其他事务，他一直未动手写。1923 年 8 月，李芳不幸患急病逝于上海。他获此消息，对自己内疚，马上着手做这件事情，写出一篇真挚的《〈梅花〉的序》。

不久又有一段小插曲，友人俞平伯，转来一个叫白采的人的信，还有他的一篇小说，对朱自清流出不满意的语气。

让我看看——里面颇有讥讽我的话。我当时觉得不应得这种讥讽，详述事件首尾，向他辩解。朱自清接信后，立即回复一封近两千字的长信，向白采解释事情的前后经过。信寄出去后，便一下子杳无消息。这种文字的来往，让朱自清没能寄托什么希望，过了很长的时间，白采寄来一张明信片，几句半冷半热的话，让朱自清很快忘记。他凭良心办事，"岂能尽如人意？但求无愧我心！"

1924 年 3 月，朱自清在春晖中学兼课，邀友人俞平伯来白马湖游玩几天。3 月 10 日晚上，俞平伯应夏丏尊邀请，在春晖中学作了《诗的方便》的讲演。3 月 12 日上午，他在宁波四中师范部三年级，作了讲座《中国小说之概要》。他还与朱自清、刘延陵等友人一起商议四中乐群亭文学研究会宁波分会的同仁发刊《我们》的相关事宜，决定将其办为不定期的刊物。俞平伯回宁波时，朱自清与他同行，两个人在火车上，俞平伯把诗作《鬼劫》，还有白采的《羸疾者的爱》，一齐给朱自清，请他指导一下。车厢的吵闹声与火车的颠簸中，朱自清读完白采的诗，他感受作者受了尼采的影响，颇有一些新东西，想写一篇评论。俞平伯回去后，将朱自清的意见，给白采写了一封信。有一天，朱自清接到他的来信，表示感谢他对诗的理解，希望早日看到文章。想不到，事情一拖竟是几年，成了他的心事。

> 白采此诗本拟初刊于《我们》，以"至缄札累万言"，因白采"不愿传露"终未能如愿。然他和朱自清对于白采诗作的褒扬却为宁波文坛留下佳话："三月间游甬带给佩弦看。于柠檬黄的菜花初开时，我们在驿亭与宁波间之三等车中畅谈之。佩弦说，这作品的意境音节俱臻独造，人物的个性颇带尼采式。白采则说，承你带我的劣诗上火车与友人同阅，此情趣可描。朱君说我诗中'人物的个性颇带尼采式'，甚感知己之言。"这些可视为白马湖文派文学活动的生动见证。①

趁假期有空余时间，朱自清想还这笔文债，未承想文章刚开头，他中暑病倒了，浑身无力，头昏脑涨，躺在床上无法动笔。

朱自清坐在桌前，面对铺开的纸，笔尖凝聚情感。压抑悲痛的心情，炙人的闷热中，拖着患病的身体，既是还文债，也为了永远的纪念。他梳理诗人生命的本质、诗句中的精神脉络，详细地解读了《羸疾者的爱》的思想和艺术特色。"想会有一种超人出现在这地上，创造人间的天国"。他的文字和白采的文字相遇，碰撞出精神的火焰，水晶与火焰裂变思想的晶体。写完文章时，暑假即将过去。

---

① 朱惠民著：《知味俞平伯》，原载《宁波日报》，2012 年 2 月 11 日。

8月下旬，朱自清把家作了安排，一个人去北平，途经上海去立达学园作短暂的逗留。他见到叶圣陶等诸好友，从各方了解白采的情况。白采执教于厦门集美学校，暑假前往西粤漫游，在香港带病乘船返回上海，不幸的事情发生，当船将抵达吴淞口，他竟然在船上病逝。

1925年成立的立达学会，朱自清系59人会员之一。他们创办的杂志《一般》，经研究决定于10月号出版一期"纪念白采栏"。白采生前的友人和师长，叶圣陶、夏丏尊等都写了纪念文章，朱自清停止活动，在立达学园写了《白采》，文章朴实无华，没有一点矫情，叙说和白采交往的经过，描绘诗人特立独行的个性。

> 朱自清散文在人物描写中所呈现的忧郁感伤的艺术品格，体现了一种新的文学观念和审美情趣，无论是内容构成、原则建立或者结构形态、创作手法都与其他形式的散文有显著不同，他在散文创作中以小说体式的一定的眼光、感觉、心理来观察描写人物事物，特别提倡削弱对人物的全知权，只缩小视角范围地客观描写，并追求"平中见奇"的艺术效果。以一种"忧郁感伤"意识作为人物描写类型散文的艺术特质，特别强调"注情于人、融情于事"是这一类型散文中最重要的功能。朱自清散文创作的意向，转而拓展到人物形象的描写，应该说，这是传统的现代散文走向现代化的一种标志，值得认真探讨和总结。[①]

朱自清和白采，匆忙地见过一面，大家觉得是一件憾事。有一

---

① 宾恩海著:《试论朱自清散文中的人物描写》，原载《广西师范学院学报(哲学社会科学版)》，1998年4期。

付大伟　作

次朱自清去上海，他和友人俞平伯，来到西门林荫路新正兴里 5 号，按着白采给的通信地址找。他已经搬到附近另一处住了，他们扫兴而归。新正兴里 5 号是延陵君住过的地方，有一次闲聊中谈起白采，说他在美术专门学校念书；他的夫人和自己的夫人是好友，延陵夫妇曾经将自己租的房子，借住他们一个亭子间。朱自清去看延陵时，床和桌椅涂的是白漆，不大的一间屋子，布置得简洁大方。白采离朋友们去了，他的影像存在照片上，其中有几张在这间房里拍照。从白采的遗信中，看出当时他还未离婚，已经离开新正兴里 5 号，也许在闹离婚，或者其他原因。不管怎么说，这里留下白采的气息，事后一想，多少感受悲剧的色彩。

俞平伯未见过白采，朱自清和他有过一面之交。那一天，朋友说白采要搬学校来，什么也没有做，从早上开始等，不见他的踪影。他准备上车站，白采突然从门口走进来。他操着一口江西话，一副老成的样子。朱自清必须走，因为在上海有一个约会。匆忙见面，寒暄几句，握一下手告别。事后白采给俞平伯一封信，评价朱自清"短小精悍"。他们唯一的相遇，也是最后的一面。

朱自清到清华学校任职，白采得知消息，寄给他一张照片，他站在阳台上远眺的背影，照片背面一行字写道："佩弦兄将南返，寄此致余延伫之意！乙丑秋暮摄于春申江滨。弟采采手识"。朱自清喜欢这张照片，"觉得他对自己真好"。出版散文集《背影》，朱自清将照片作为插页，作为对白采的纪念。

朱自清回到立达学园，找出《白采的小说》《作诗的儿子》中讥讽自己的话，删改掉。刘薰宇和朱自清说，给他的那封长信，至今留在箱子里。这一个细节，使他感到惭愧，他说自己是小气的人。现在白采人不在了，写文字又能怎样呢？

# 一个人离去

一

1948 年 1 月 2 日，由于劳累过度，朱自清的胃病发作，大口地吐酸水，不能正常进食，身子异常疲倦，躺在床上静养。

元旦上午，朱自清参加工字厅新年团拜会，晚上又出席中文系师生在余冠英家门前举办的新年同乐晚会。

这一天是新年的开始，朱自清的心情兴奋，希望新的一年顺利平安，身体恢复健康。扭秧歌是晚会的主打节目，同学们各有所长，发挥自身的优势。同学给朱自清化妆，穿上大红大绿的衣裳，头顶戴上一朵大红花。他不顾身体的疾病，与年轻人高兴地扭舞，一招一式扭得认真。曲终人散，他回到家中难抑内心的情绪，他写下一段《日记》："晚，参加中国文学系新年晚会，颇愉快。"他和青年学生在一起，感受生命的激情，充满对未来的憧憬。

闲居家中无精力做事情，日子松弛下来，显得有点无聊。有一天，门外响起邮差声，意外地送来邮件。朱自清不知什么东西，急忙拆包一看，一份天降的大喜。作家书屋寄来《新诗杂话》的样书。这本书大多写于抗战期间，他在自序中说道："我们的'诗话'向来信笔所至，片片段段的，甚至琐琐屑屑的，成系统极少。本书里虽然每篇可以自成一个单元，但就全篇而论，也不是系统的著作。"1945年10月，书稿一寄出，毫无任何音信，朱自清从朋友处打听，说书稿命运不好，被书店弄丢了。朱自清不愿提起此事，说到它非常懊恼。加之他的身体不好，心情不佳，一点小事不顺就想发脾气。这不是他的风格，人一下子变成另外的样子。朱自清感觉书不可能出版，谁也不曾料到，隔了三年多竟然问世。他是悲喜交加，有说不清的滋味，手中拿的书，简直是天外来物。他翻开书察看每一页，闻到书中散发的墨香。他难耐兴奋，在目录后的空页上题写道：

> 盼望了三年了，担心了三年了，今天总算见了这本书！辛辛苦苦写出这些随笔，总算没有丢向东海大洋！真是高兴！一天里翻了足有十来遍，改了一些错字。我不讳言我"爱不释手"。"邂逅相遇，适我愿兮！"说是"敝帚自珍"也罢，"舐犊情深"也罢，我认了。1948年1月23日晚记。

朱自清拿起印章，在第一行的上边，盖了闲章"邂逅斋"，末尾一行的下边，又盖上"佩弦藏书之钤"。朱自清有些得意忘形，竟然手忙脚乱，将第二枚章拿颠倒。

身体不好自然心情不会好，胡思乱想弄得人多愁善感。1947年12月7日，朱自清无意中读到天津《益世报》的副刊，有一篇龚业雅的散文《老境》。她是清华大学社会学家吴景超教授的夫人，他们同住清华园，彼此间熟悉。龚业雅经常带着作品，上朱自清家请教。龚业雅年纪不大，只有四十多岁，不知为什么，行文中生出暮年的感慨。这篇文章不长，也许与心境有关，竟然勾起他的共鸣。

北国的元月，寒意袭人。房间里安静，能听清家人睡眠中的呼

朱自清（左六）、陈竹隐与郑振铎夫妇等合影

1948 年，朱自清、陈竹隐和幼女朱蓉在颐和园。

西南联大校舍，遭到日本侵略者飞机轰炸。

国立西南联合大学中国文学系全体师生合影 三十五年五月三日

西南联大中文系全体师生合影，二排左二为朱自清。

1942年，与友人在昆明合影，左起第六人为朱自清。

1944年，左一朱自清，右二闻一多。

吸声，1月29日的深夜，朱自清难以入睡，在床上辗转反侧，想起龚业雅的《老境》，品味人生的凄凉。一想到疾病缠身的状况，各种复杂的情绪浮上心头。于是他爬起来，披上衣服，借着微弱的灯光，伏案写诗一首：

> 中年便易伤哀乐，老境何当计短长。
> 衰疾常防儿辈觉，童真岂识我生忙。
> 室人相敬水同味，亲友时看星坠光。
> 笔妙启予宵不寐，羡君行健尚南强。

《益世报》的副刊，由梁实秋任主编，朱自清抄写清楚，将小诗寄给梁实秋。他又抄了两份，分别寄给俞平伯和叶圣陶。俞平伯读诗感受到友人的心思，作为多年的好友，他觉得人生的凄凉太多，要向前方看。于是俞平伯随手附上一首：

> 暂阻城阴视索居，偶闻爆竹岁云除。
> 拣枝南鹊迷今我，题叶西园感昔吾。
> 世味诚如鲁酒薄，天风不与海桑枯。
> 冷红阑角知何恋，褪尽红花赋雨都。

诗中有安慰，不知为什么，字句深藏萧瑟的气韵，不似朱自清那么明显。他明白老友的意图，见字如面，内心欣慰多了。

北平一些知识分子，共同创办了刊物《新路》，其中的成员，大多是朱自清的老朋友。打"中间路线"这个牌，意在对美国人和蒋介石反动派，寄托太多的幻想，企图在国共两党之间，走一条所谓"自己的路线"、不偏不倚的"中间道路"。他们委派吴景超，做朱自清的思想工作，邀请他加入该团体。他不讲情面，拒绝对方的好意，吴晗后来回忆说：

> 当时教授阶层生活已经到山穷水尽的地步，朱自清先生不但因为人口多，特别穷困，还带着一身病。为了补助生活，这时期他写了很多文章。《新路》为了纠合"民主个人主义者"进行反人民的活动，用利诱的方式，出的稿费特别高。在这种情况下，朱自清不为利诱，坚决不走中间路线，并且和他们划清了界限。

有一个竞选"立委"的人登门拜访，请朱自清签名支持。朱自清不拐弯抹角地说："我不能签名，但并不是反对您。"一些人想借他的名气，有一个人愿出高价，请他写篇"寿序"。他的生活清贫，以他的工资，拖家带口过得艰难，但他绝不会俯首，为了一点钱财，违背自己的人格。

> "那些人有什么功德可歌颂的？"他待己极严，大事认真，小事也认真，私事认真，公事更认真。他有客必见，有信必回，凡公家东西，绝不许别人乱用，即使一张便笺，一个信封，也绝不往家里拿。学校在他家门口堆了些细沙，为铺路用的，小女儿拿一点玩，他也不许，因为这是公家的东西。

冬天过去了，春天向北国疾奔，这个季节，让人对绿色有了向往。3月19日，老朋友李广田来访，和他说起杨晦的五十大寿。杨晦原来叫兴栋，是朱自清北大的同学，他们毕业后未联系。抗战的前几年，有人向他说起杨晦，他才知道杨晦是何人。李广田透露消息，他赶紧给杨晦寄一封信，除了礼节上的寒暄，对他说道："这是您

1946年，朱自清与友人打桥牌，左起为邵循正、朱自清、吴晗、浦江清。

的一个同班老同学在给您写信，庆祝您的五十寿辰，庆祝你的创作和批评的成绩，庆祝你的进步！"

第二天，朱自清特意进城，参加杨晦五十岁的生日宴会。同学相聚高兴，多吃了些东西，回到家中后胃病发作，剧烈地呕吐不止，非常痛苦。经过一番折腾，身体比原来更差，病态的样子，只得在家静心休养。身体稍舒服一些，他从床上起来做事，整理多年来写的文章，大多有关语言和人情世态的短文，编成一本书，书名为《语文影及其他》。

　　佩弦先生为人处世，无时无刻不见出他那坦白而诚挚的天性，对一般人如此，对朋友如此；对晚辈，对青年人，尤其如此。凡是和朱先生相识，且关系较深的，无不为他的至情所感。你同他交情越深，就越感到他那毫无保留的诚挚与坦白。你总感觉到他在处处为你打算，有很多事，仿佛你自己还没有想到，他却早已替你安排好了。他既像一个良师，又像一个挚友，既像一个父亲，又像一个兄长。他对于任何人都毫不虚伪，他也不对任何人在表面上表示热情，然而他是充满了热情的，他的热情就包含在他的温厚与谦恭里。

正由于他这样的至情，才产生了他的至文。《背影》一书，出版于1928年，二十年来，一直是一般青年人所最爱读的作品。其中《背影》一篇，论行数不满五十行，论字数不过一千五百言，它之所以能够历久传诵而有感人至深的力量，当然并非凭借了什么宏伟的结构和华赡的文字，而只是凭了它的老实，凭了其中所表达的真情。这种表面上看起来简单朴素，而实际上却能发生极大的感动力的文章，最可以作为朱先生的代表作品。因为这样的作品，也正好代表了作者之为人。由于这篇短文被选为中学国文教材，在中学生心目中，朱自清三字已经和《背影》成为不可分的一体。①

二

3月乍暖还寒，天气一天三变，冷暖交替的季节。国民党反动政府发布《特种刑事法庭组织条例》，大批逮捕杀害进步学生。北平的青年学生，在中共地下组织领导下，面对残酷的形势，进行坚定的英勇抗争。

4月6日，清华大学的三十位教职员工和同学们一起，举行三天的罢教、罢职、罢工、罢课。第二天，行政当局不顾民愿，公然

---

① 李广田著:《最完整的人格——悼佩弦先生》，第208页，北京: 北京出版社，1988年版。

宣布一份名单，要北大交出12位学生。8日的深夜，国民党特务持枪冲入师范学院，砸烂自治会的办公室，逮捕带走8位学生。9日，师大、北大、清华等高校学生，向北平政府请愿，要求立即释放被关押的学生。对于学生的要求，反动当局置之不理、无动于衷。反而又于11日，增派大批军警特务，包围北大红楼，光天化日之下，捣毁东斋教授的家属宿舍，街头阻击北大学生。这些无耻的行为，激起北大师生员工的愤怒，他们再次宣布三罢的活动。

清华教授会于12日开会，决定发表一份宣言，再罢课一天进行声援，朱自清被推为宣言起草人之一。这段时间，他的事务特别繁忙，22号那一天，他又一次签名，抗议国民党北平党部吴铸人的谈话。到了25日，也是俞平伯父亲的生日。朱自清进城赶到俞家给老人祝寿，吃完饭后，到附近的公园观赏牡丹。晚上朋友们相约，去东兴楼再次聚餐。半夜的时候，朱自清的胃病发作，疼痛不止，重新回到床上休息。

5月15日，朱自清的胃病越来越严重，吃一点东西吐个不停。他在妻子陈竹隐的再三要求下，进城去中和医院检查，经过医生确诊为胃梗阻，需要马上手术治疗。由于费用昂贵，筹措不到那么多的钱，只好保守治疗。1978年，朱自清诞辰80周年，又是他去世30周年的日子，他的妻子陈竹隐，写下一篇怀念文章说：

1946年10月，我们回到当时的北平。不到两三天，就看见宪兵警察很神气地毒打争生意的三轮车工人。佩弦愤怒地上前去和警察讲理。那些家伙仍旧辱骂着。佩弦高声地说："他们是为了生活，为了生活！"回来的路上，他非常激动地说："八年沦陷，难道他们还没有受尽敌人的苦头吗？现在胜利了，为了生活抢生意，凭什么该挨打？真可恶！"到了我们的临时住处，一连几小时他都沉闷不语。他的感情已经进一步和人民联系在一起了。

这时候，佩弦的身体已经衰弱不堪。但他多次拒绝了我要为他添置一些衣服被褥的要求。回到北平，他在寄卖行里看见了一本碑帖，要价六万元。他很喜欢这帖。我劝他就花六万元，享受享受吧。他却说："这不是六万元的问题。现在国家的情况，不是享受这些东西的时候。"当时的北平，"物价像潮水一般涨，整个的北平也像在潮水里晃荡着。"

佩弦的心转向了在苦难中的人民。他大声地喊出："今天一般人民真是不得了，再也忍不住了。"他热烈地为人民"起来行动"辩护，相信"这集体的行动是压不下也打不散的"，直到胜利的那一天。

1947年初，国民党反动派以清查户口为名，在北平逮捕了两千多人。佩弦痛恨反动派的迫害人民，签名于抗议当局任意逮捕人民宣言。这就是当时所谓的十三教授宣言。在报上发表时，他的名字是第一个。国民党发动了各家反动报纸拼命地诽谤他，攻击他和其他签名的教授。国民党特务也三次"光临"到我家。一位好心的朋友告诉我：他在燕京大学看到国民党的黑名单，其中第一个就是朱自清。我把这消息转告给佩弦，他只是轻蔑地应道："不用管它！""怎么，你准备坐牢吗？""坐就坐！"是的，他并没有退却，他在反动派的面前坚定地站起来了。

当时，我们的一个孩子在中学念书。又有个好心的朋友来对我说："这孩子在学校活动得很，思想太左，你要注意管管他，现在太危险啊。"我把这话和佩弦商量，他却说："左才是中国的出路，是青年人的出路！这样乌七八糟的政府，不叫孩子左，难道还叫孩子右吗？"最后，我们得到一个坚决的结论：孩子已经觉悟了，我们应当让孩子前进；决不牵制孩子，决不干涉压制他们的思想！说："东亚病夫居然奋起了，睡狮果然醒了。从前只是一大片沃土，现在是有血有肉的活中国了。从前中国在若有若无之间，现在确乎是有了。……我们不但有光荣的古代，而且有光荣的现代；不但有光荣的现代，而且有将来无穷世代。新中国在血火中成长了。"[①]

5月的时候，上海的学生首先发起反对美帝国主义扶植日本侵略势力的签名运动，爱国的风暴迅速席卷全国。6月9日北平的学生集会，举行反对美国扶植日本的示威大游行，与上海的学生遥相呼应。国民党当局滥发纸币，造成通货膨胀，一包香烟竟然要数万元。为了收买知识分子，他们要出新花招，发行一种配购证，持它可低价买到美国援助的面粉。艰苦困难时期，这无疑是一块肥肉，对陷入贫困中的知识分子，是一个巨大而严峻的考验。

1948年6月18日，朱自清在家中，坐在藤椅上休息，闭上眼睛养神。突然吴晗来访，给他看一份《抗议美国扶日政策并拒绝领取美援面粉宣言》，上面写道：

为反对美国之扶日政策，为抗议上海美国总领事卡德和美大使司徒雷登对中国人之污蔑侮辱，为表示中国人民之尊严和气节，我们断然拒绝美国具有收买灵魂之一切施舍之物资，无论购买的或给予的。下列同仁同意拒绝购买美援平价面粉，一致退还配给证，特此声明。

---

① 陈竹隐著：《忆佩弦》，原载《新文学史料》，1978年1期。

作者在青岛闻一多故居

国立山东大学文学院旧址

朱自清读后，看着一个个掷地有声的文字，沉默不作声，望了吴晗一眼，这个眼神代表一切。他伸出病中无力的手，颤抖着拿起笔，认真地在宣言签上自己的名字。这三个字，不仅是支持和决心，也将一家人拖入更难之中。他心里明白，在日记上写道：

> 在拒绝美援和美国面粉的宣言上签名。这意味着每月的生活费用要减少六百万法币。下午认真思索了一阵子，坚信我的签名之举是正确的。因为我们反对美国扶植日本的政策，要采取直接的行动，就不应逃避个人的责任。

一转眼之间，夏天来到了，朱自清吃了很多的药，身体仍然毫无起色，胃痛的折磨，使他吃不进多少东西，造成营养不良，身体极为虚弱。胃痛不那么厉害，他就伏案编写《国文读本》，读自己喜欢的书。

## 三

7月间，朱自清着手整理闻一多手稿，这是一项繁重的工程，他衰弱的身体，已经难以支持。妻子陈竹隐多次相劝没有结果。朱自清干脆在书房架上行军床，桌边准备好痰盂，这样方便他吐。书稿在手边伸手可取，不用来回走动，免去消耗体力。身体扛不住时，顺势躺在床上歇一阵子。

7月15日，朱自清带病召集闻一多全集编辑委员会会议，汇报遗著整理和出版的经过，还有相关事项的处理决定。

晚上9点，清华学生自治会举行纪念闻一多遇害两周年大会，邀请朱自清出席。

整个会场肃穆，没有一点灯光，点燃两支蜡烛。烛光微弱，驱

闻一多肖像印，李荣川　作

散黑暗，带来一缕光明。主席台上，悬挂闻一多的画像，"长髯飘拂，口含烟斗，栩栩如生"。会场气氛庄严，几乎能听到学生们的呼吸声。朱自清瘦弱的身体被烛光勾勒出的剪影，显得更加悲壮。他站在台上，低沉的声音，讲述闻一多全集编纂和出版的过程，以及他的历史意义。

北平的夏天，闷热得人透不过气，夜晚无一点风。这么多人聚在一起，许多人脱掉外衣，朱自清从始至终没有脱衣服，身上也不出汗。他带病的身体，经不起一天三个会议。过度的劳累，胃的疼痛频繁发作，身体虚弱，无任何精力，勉强支撑不让自己倒下。

6日凌晨4时，朱自清胃部突然剧痛，大口呕吐不止，其势凶猛，超过以往任何一次。上午10时，在校医院初诊后，立即被送北大医院，诊断结果是溃疡引起胃穿孔，须立即进行手术。医院要求先交一亿法币的保证金，陈竹隐东挪西借，好不容易借到五千万。下午两点钟朱自清做了手术，历时四十分钟，经过正常。

两天后，医生说他脱离了险境，大家不禁长舒了一口气。朱自清精神也显得不错，尽管很虚弱，讲话也不方便，但他还是向前来看望的同事朋友问长问短，嘱托浦江清代为批阅研究生试卷。他相信自己能挺过去，在8月1日给缪钺的信中说："半年来连发胃疾三次，骨如柴立，下半年休假！须小心静养，冀可复原。……稍暇拟草考证与批评一文，介绍美国近年历史的批评的方法，说明治学不当以冷静琐屑之考证自限……"他还有那么多事要干，怎么能轻言死亡呢。唯一使他担心的是他的十二指肠也有溃疡，这次手术如不能彻底治好，以后还要麻烦。

10日，病情突变。由于身体极度衰弱，抵抗力急遽下

付大伟　作

降，体温过低，手术引起并发肾炎，出现轻微尿中毒症状，此时，朱自清的神志依然很清醒，只是无力说话。他那双眼睛已深深陷了下去，时而闭上，时而硬撑着睁开，颤抖的嘴唇一掀一掀，想说什么，但又很吃力，最后他断断续续地对守在身边的妻子说："我……已……拒绝……美援，不要……去……买……配售……的……美国……面粉。"①

1948 年 8 月 12 日 11 时 40 分，51 岁的朱自清，闭上双眼，停止思考一生的脑子。他匆匆地走了，留下妻儿和学生，没有等到一个新时代的诞生。

---

① 姜建著：《朱自清》，第 241 页，南京：江苏人民出版社，2013 年版。

# 参考文献

## 原始著作

朱自清著：《背影》，北京：人民文学出版社，1983 年版。

朱自清著：《我是扬州人》，北京：中国工人出版社，2013 年版。

朱自清著：《朱自清散文全集》（上下），沈阳：春风文艺出版社，2013 年版。

朱自清著：《荷塘月色》，北京：人民文学出版社，1988 年版。

姜建　王庆华著：《朱自清图传》，武汉：湖北人民出版社，2006 年版。

姜建著：《朱自清》，南京：江苏人民出版社，2013 年版。

王利民著：《平屋主人——夏丏尊传》，杭州：浙江人民出版社，2005 年版。

陈星著：《白马湖作家群》，杭州：浙江文艺出版社，1998 年版。

林贤治著：《夜听潮集》，桂林：漓江出版社，2015 年版。

韦明铧著：《二十四桥明月——扬州》，上海：上海古籍出版社，2000 年版。

王建华　王晓初主编：《"白马湖文学"研究》，上海：上海三联书店，2007 年版。

陈星著：《白马湖作家群》，杭州：浙江文艺出版社，1998 年版。

梁实秋著：《雅舍谈吃》，武汉：武汉出版社，2013 年版。

丰子恺著：《丰子恺随笔》，北京：海豚出版社，2013 年版。

鲁迅著：《记念刘和珍君》，原载《鲁迅散文选》，杭州：浙江文艺出版社，1999 年版。

王羲之著：《兰亭集序》，原载《古文观止》，北京：中华书局，2009 年版。

陈翰笙著：《三月十八日惨案目击记》，原载《现代评论》，1926 年 3 月 27 日。

季羡林著：《清塘荷韵》，原载《季羡林散文精选》，武汉：长江文艺出版社，2009 年版。

梁实秋著：《南游杂感》，原载《雅舍遗珠》，武汉：武汉出版社，2013 年版。

苏轼著：《苏轼词》，北京：人民文学出版社，2005 年版。

李宝嘉著：《官场现形记》，北京：人民文学出版社，1982 年版。

俞平伯著：《桨声灯影里的秦淮河》，长沙：湖南文艺出版社，1990 年版。

夏丏尊著：《白马湖的冬天》，南京：江苏文艺出版社，2009 年版。

[清]李斗著：《扬州画舫录》，北京：光明日报出版社，2014 年版。

巴金著：《家》，北京：人民文学出版社，2014 年版。

虞佩曹著：《水木年华——童年的回忆》，原载《永远的清华园》，北京：清华大学出版社，2013 年版。

李广田著：《最完整的人格——悼佩弦先生》，北京：北京出版社，1988 年版。

宗璞著:《梦回蒙自》,原载《告别阅读》,北京:作家出版社,2007年版。

沈从文著:《不毁灭的背影》,原载《心与物游》,西安:陕西师范大学出版社,2007年版。

薛冰著:《家住六朝烟水间》,上海:上海古籍出版社,2000年版。

## 汉译著作

[美]苏珊·桑塔格著:《在土星的标志下》,上海:上海译文出版社,2006年版。

[波]兹化格涅夫·赫贝特著:《带马嚼子的静物画》,广州:花城出版社,2015年版

[日]伊原弘著:《都市繁华:一千五百年来的东亚城市生活史》,中华书局,2010年版。

[美]加里·斯奈德著:《禅定荒野》,桂林:广西师范大学出版社,2014年版。

[美]约瑟夫·布罗茨基著,黄灿然译:《小于一》,杭州:浙江出版联合集团、浙江文艺出版社,2014年版。

## 研究著作

吴润凯著:《民国文人的秦淮河书写》,原载《书屋》,2009年2期。

陈英华著:《南京"古董铺"里寻六朝》,原载《人物》,2010年8期。

黄健著:《以真挚、精美、传神笔法叙写深厚人生内蕴——朱自清、叶圣陶、郑振铎的记叙抒情散文的文体特性》,原载《名著

欣赏》，2009 年 11 期。

沈霞著：《朱自清散文：真与美的完美融合》，苏州大学，2009 年硕士生论文。

袁一丹著:《北平沦陷的瞬间——从"水平轴"的视野》,原载《文化研究（第 17 辑）（2013 年·冬），社会科学文献出版，2014 年版。

陈永万著:《大后方文学中的重庆》,西南大学,2012 级硕士论文。

哈尔滨建筑艺术馆编：《哈尔滨旧影大观》，哈尔滨：黑龙江人民出版社，2005 年版。

余婷婷著：《1912—1932 年中国游记研究》，华侨大学，2006 级硕士论文。

王晓红著：《质朴简洁蕴含新奇——朱自清〈松堂游记〉的语言特色》，原载《安阳师范学院报》，2006 年 1 期。

余婷婷著：《1912—1932 年中国游记研究》，华侨大学，2006 级硕士论文。

陈竹隐：《追忆朱自清》，原载《扬州文史资料》第七辑。

## 报刊文章

何达兴著：《寻找杨家大院里的名人足迹——台州府城旧仓头红台门纪事》，原载《今日临海》，2012 年 6 月 7 日。

李兴辉著：《朱自清成都结良缘》，原载《世纪》，2003 年 1 期。

宾恩海著：《试论朱自清散文中的人物描写》，原载《广西师院学报（哲学社会科学版）》，1998 年第 4 期。

马美爱著：《论朱自清的旅游观》，原载《社会科学家》，2006 年 3 期。

张仁健著：《巧运灵思出真趣——读朱自清〈松堂游记〉》，原载《名作欣赏》，1982 年 4 期。

刘鹏著：《潭柘寺戒坛寺》，原载《北京档案》，2008 年 8 期。

张小梅著：《探析朱自清的亲情散文》，原载《时代文学》，2007 年 3 期。

周纪焕著：《"圆月"下的忧伤——谈朱自清散文的淡月意蕴》，原载《名作欣赏》，2007 年 6 期。

邓海著：《借景抒情 托物言志——谈朱自清〈荷塘月色〉》，《黔南民族师范学院学报》，2004 年 5 期。

胡阿祥著：《华夏正统与城市兴衰：古都南京的历史特质》，原载《南京社会科学》，2013 年 12 期。

张向丽著：《朱自清散文的吴越文化情愫》，原载《南宁师范高等专科学校学报》，2001 年 2 期。

雨初著：《两个人的桨声灯影——俞平伯与朱自清的友谊》，原载《传承》，2008 年 5 期。

陈竹隐著：《朱自清的妻子回忆朱自清》，原载《文汇报》，2003 年 2 月 19 日。

曹一莎著：《成都少城公园的百年沧桑》，原载《华西都市报》，2014 年 4 月 19 日。

宾恩海著：《试论朱自清散文中的人物描写》，原载《广西师范学院学报（哲学社会科学版）》，1998 年 4 期。

朱惠民著：《知味俞平伯》，原载《宁波日报》，2012 年 2 月 11 日。

孙郁著：《汪曾祺的昆明》，原载《收获》，2011 年 5 期。

朱惠民著：《夏丏尊先生与春晖中学》，原载《浙江共产党员》，1986 年 3 期。

陈竹隐著：《忆佩弦》，原载《新文学史料》，1978 年 1 期。

# 后 记
## ——北碚的冬雨

　　清脆的滴水声跑进斗室，它似针尖钻进耳中，感受冰冷的锥刺。我没有睁开眼睛，捕捉单纯的声音，它让我回到童年，夏日清晨在姥姥家，小河沿飘来的流水声，节奏也是这么清亮，揪起我的耳朵，把我从睡梦中叫醒。人过五十，对现实不那么热心，总是调转记忆，走在怀旧的路上。

　　黑暗中听雨声嬉闹，它在屋子里唱一支回忆的歌。今天是星期天，整个 B 幢十八层大楼里的人，大多享受晚起的福利。尤其初冬的窗外，下起细碎的雨，斗室中阴冷，我裹紧被子免得寒气偷袭进来。笨重的布窗帘，将窗子遮得严实，看不到外面的情景，云华路上的公交车，一路奔走的轰鸣声，扯碎清晨的静谧。偶尔有一辆摩托车的叫吼声，闯入阴雨声中，破坏舒缓的节拍。这时候不是摩托党玩追逐的游戏，是早起进城务工的人们，开始新一天的忙碌。

　　躺在床上胡思乱想，黄河岸边的家开始供暖，迎接严寒的日子。胳膊伸出被窝，感受寒气的可怕，伸在冰水里一般。皮肤上的热气，被吮吸干净，我急忙抽回胳膊，身上受到惊吓，流动一缕冷的气息。

　　我是一个严格守时的人，起身穿好衣服，第一件事情，拿起电动剃须刀刮脸。一夜的休息，胡须爬满脸颊，我不愿以衰老的样子，出现在别人的面前，甚至家里的人。电动剃须刀触在皮肤上，刀片旋动，发出轻缓的嗡嗡声。每天都是在这种声音中，进入新一天的生活。

高淳海在写毕业论文，昨天从学校回来，已经是午夜，我想让他多睡一会儿，避免弄出的音响惊醒他。打开厨房的灯，里面清冷得安静，刀、锅、铲、瓢各自待命。给电煲灌满水，接通电源烧水，空腹喝一杯水，这是多年的习惯。

这次来北碚，我采取新的方案，自己先做饭吃，然后出去散步、买菜回来再给高淳海做早饭。打开天然气，烧油炝锅，煮一碗北泉手工面条，连面带汤地吃下去，竟然出一身细汗。

带上那个蓝兜子，关好灯，我注意门碰撞得不要响，免得影响别的人家休息，楼道里的声控灯，还是听到声音的震动即陡然亮起来。两部电梯都在等待中，这么早的时间，楼里很少有上下的人走动。走出楼道时，明知外面下雨，竟然忘记带伞。我返身回住处取伞。蓝格子伞是去年带来北碚，快一年没有见面，有说不清的感觉。生活中的点滴小事，看上去普通不过，但当人们经过离别和重逢，意义发生重大变化，结果不一样。

走出小区，寄北酒店的玻璃大门关闭，大堂的灯辉煌得通亮，看不到一个人。店名取自晚唐诗人李商隐，身居异乡巴蜀写下的诗《夜雨寄北》："君问归期未有期，巴山夜雨涨秋池。"表达客居的心情。躲在伞下，被这两个字引出一缕乡愁。我的情感不顾阴雨的日子，扑棱一下翅膀，带着慌乱的心情，飞往北方的家中。雨滴打在伞面上，发出清脆的声音，一只手伸出伞外，感受细湿的雨瓣，在掌中植下回忆的种子。云华路上空荡荡的，清洁工穿着黄工装，一下下地清扫。整个城市如同一幅水墨画，缙云山被雨雾隐没。

记得多年前，还是青春的年龄，读到余光中的《听听那冷雨》，他笔下的"台北凄凄切切完全是黑白片的味道"。那时迷恋他描写的句子，认为那是诗意的浪漫。现在我读了很多的书，经历太多的事情，对余先生的大量词句堆砌，玩语言游戏不感兴趣，找不到感觉。

我来北碚的那天是冬至，街头木芙蓉的枝头，残存几朵白、红的花朵，如今落叶飘飘，显现一种凄美。路边草丛听不到虫鸣声，草的叶子泛黄，生命枯萎，只有等到来年的春天，才能看到另一茬生命的出现。

沿着每天行走的路线，伞下听雨，这种现代化的折叠伞，白色的钢骨架，化纤的伞面，还是缺少点什么。如果细碎的雨弹在瓦上，特别是老式的小片灰瓦，一片片相接覆在屋顶，雨滴奏出的音响，布满古典的韵味。小时候打的油纸伞，天然的竹子做骨架，油纸的伞面散发浓重的桐油味，雨打在上面，如同珠子落在盘中，清脆而亲切。

北碚的冬雨没有激情，伸手捞一下，留下苔藓般的湿润。

在客居的日子，我写下朱自清的传记。

高维生

2015 年 11 月 15 日于缙云山下